素履向前

雷格特AFC发展纪实

胡凡　姜霞　陈燕　著

U0838293

同济大学出版社
TONGJI UNIVERSITY PRESS

《中国轨道交通 AFC 行业里的追梦者》丛书

主　　编　陈凤敏　杜　潜

统　　筹　郑志涛　邓　艳

编　　委　邓　伟　郭　庆　黄宁宅　曾　浪　王建强
吴永锋　蔡中兴　罗洪元　杨　波　李道全
郭晓栋　吴海峰　解永生　胡　军　陆　斌
韦　强　秦树睿

审　　校　李宇轩

素履向前：雷格特 AFC 发展纪实

胡凡　姜霞　陈燕　著

参编人员　王建强　周　超　袁　鑫　巩兆藩　辅金松
曹东平　温慧娟　何　飞　陈燕华　刘正淋
曾　棒　赵万禹　李其其　闫　琪　张　敏
田晓伟　陈　位　肖　迪　宋梅芳　赵志超
耿安顺

特别感谢东南大学蒋冰洁、贾玉洁、尹艺璇为本书的付出

总序

中国信息产业商会自动收费系统专业委员会经过历时两年多（2017年8月—2019年10月）的筹划，终于隆重推出了《中国轨道交通AFC行业里的追梦者》丛书，合计八本，将在两年内陆续出版。序齿列锦：

1. 初创篇：《兰蕙痴情》
2. 方正篇：《方行正远》
3. 熊猫篇：《引石琢玉》
4. 中软篇：《潜心笃志》
5. 普天轨道篇：《前世今生》
6. 大通电气篇：《凝铸精魂》
7. 苏州雷格特篇：《素履向前》
8. 摩莎篇：《明道正心》

遗憾的是，因为时间的关系，还有几本暂不能如愿编入本丛书，希望有后续的机会。

《中国轨道交通AFC行业里的追梦者》丛书，涵盖了1988年以来，我国轨道交通AFC行业从无到有、从小到大、从弱到强、从简到精，不断成长、发展、壮大的全过程。这些著作除了本身各有其独立的价值之外，合在一起，堪称我国轨道交通建设和运营中，AFC——这个乘客自助式操作最多、自主化程度最高的弱电专业——全体从业人员不断学习实践的创新发展史。

“盛世修志”是我们中国优秀的文化传统。处在

陈凤敏
陈凤敏，高级工程师，“城市轨道交通自动售检票系统工程质量验收规范”国家标准管理组组长，中国信息产业商会理事，中国信息产业商会自动收费系统专业委员会名誉理事长。

当今这一个瞬息万变的信息化时代，我们有责任为后人、为年轻一代留下系统翔实的 AFC 行业发展史料，从而为现今乃至将来交通行业的建设运营提供借鉴；为关心和热爱 AFC 行业的人士熟悉、了解收费系统及其技术提供帮助；也为更好地服务于广大乘客、加快建设交通强国、实现中华民族伟大复兴的中国梦，做出 AFC 人的一份贡献。

令人倍感欣慰的是，可以相信，未来会有更多的有识之士如我们一样，从这套近百万字的丛书中获取有用的信息。

就此机会，谨向付出了艰辛劳动的全体编写人员致以崇高的敬意，向为丛书提供资料的各界人士表示衷心的感谢。

2019 年 12 月 9 日

序言

素履向前，前路璀璨

王建强　苏州雷格特董事长
2010 年创办了雷格特，现任雷格特公司董事长，中国信息产业商会自动收费系统专业委员会副理事长，江苏省科技企业家。

2021 年是疫后经济全面复苏的一年，也是中国 AFC 行业“从心出发、创新求变”的一年。在 AFC 行业迈入“十四五”新征程之际，《中国轨道交通 AFC 行业里的追梦者》丛书的编辑出版工作取得了阶段性进展。很荣幸，作为中国 AFC 行业的一分子，苏州雷格特智能设备股份有限公司（以下简称：雷格特）也将通过《素履向前：雷格特 AFC 发展纪实》一书，记录雷格特的创业故事，与读者进行一次敞开心扉的亲密交流，分享雷格特人对于 AFC 行业发展的求索、思考和心得。

随着中国社会经济的快速发展，城市轨道交通行业也迎来了蓬勃发展。近年来，伴随铁路轨道交通、城际市域轨道交通和城市轨道交通三线全开，我国已进入轨道交通全面提速时代。全国各地都在筹划高铁、地铁、城际轨道等建设工作，极大地扩充轨道交通市场容量，带动轨道交通行业及轨道交通装备产业实现跳跃式快速增长。AFC 行业作为城市轨道交通信息系统化的“造血系统”，也迎来了新一轮跨越发展的大好机遇。雷格特和众多有志于 AFC 行业的优秀企业、专家一起，和中国城市轨道交通一起，不断与时俱进，迭代升级，砥砺前行。

雷格特成立于 2010 年 2 月，公司致力于成为人行出入口控制领域的领航者，自主研发的智能终端产品已经为 30 余个城市提供了高质量的产品和服务，在国内外多个城市销售业绩斐然，客户间广有口碑。过去十年的创业历程可谓筚路蓝缕，充满了艰辛和挑战。但全体雷格特人敢为有为，不懈前行，终于聚沙成塔，使得恢宏的理想蓝图积渐成雏形。

我曾经在南京华士电子科技有限公司、南京泰雷兹熊猫交通系统有限公司工作，全方位地学习、涉及 AFC 行业经营发展的方方面面，并逐渐沉淀了和行业需求相匹配的谦和、友善、诚信、扎实、专业的工作态度和服务精神。雷格特的创立和发展，延续并且升华了我对于 AFC 行业的热爱，让我植根于 AFC 行业的梦想日益茁壮葱郁。

作为雷格特的创始人，通过跋涉十年的创业之路，我见证了中国 AFC 行业的发展、成熟和蝶变，也见证了 AFC 设备的更新换代和演变，让我对 AFC 行业的运营模式和生态体系的构建有了更深层次的认知和理解。我乐观地看到了中国 AFC 行业面临的空前机遇和广阔前景，也冷静地意识到我们在面对严峻挑战的时候还不够强大，我们走了许多弯路，付出了高昂的成本和代价。

十年来，雷格特始终坚持把技术研发放在第一位，重视人才引进、技术引进、科技创新。公司共设立 5 个研发部门、2 个研究实验室，拥有研发人员逾 60 名，并不断加强与高校间的合作，已与多所高校建立长期合作关系。公司不断关注行业技术发展走向，在加强自身技术的同时，不断引进新技术，并灵活运用到产品中。目前，雷格特已携手 20 余家长期合作客户，并且和各大高校进行产学研成果的对接，开展业务技术的创新，不断推出更受市场认可的高品质产品。

雷格特秉承“提供秩序、文明、安全的场景——门的价值”

的初心愿景，践行“谦和、友善、诚信、扎实、专业”的经营理念，一直聚焦人行出入口控制领域，始终坚持客户第一位的服务理念，在全国建立了 4 大区域售后保障网络，服务于海内外各大城市，全心全意为客户提供高效优质的售后服务。潜心耕耘在 AFC 行业的沃土之上，雷格特矢志成为全球人行通行的控制智能终端解决方案的领航企业。为了这一目标，全体雷格特人务实奋进，不懈创新，在 AFC 行业的稳健可持续发展的画卷上，书写浓墨重彩的雷格特印记。

截至 2020 年年底，中国累计开通轨道交通运营线路的城市达 44 个，累计开通运营里程 7 545.5 公里（未包括港澳台数据），AFC 主要设备的布放也超过了十万台，AFC 系统仍有广阔的发展空间。雷格特作为 AFC 产业队伍中的生力军，不仅要做技术创新的主导者，也要努力成为产业发展的引领者，在保持自身定力、加大研发的同时，必须紧密联系用户，紧跟技术发展。要不断提升设备制造技术和配套服务，加快与新型支付技术、生物识别以及互联网、智慧安检等新需求和新业态的融合，更好地满足客户需求，顺应行业发展趋势。

2021 年是“十四五”开局之年，随着云计算、大数据、5G、AI 等新兴信息技术的飞速发展，智慧城轨和 AFC 行业迎来了新的机遇和挑战。交通是兴国之要、强国之基，轨道交通要向着更高质量发展。未来，雷格特将持续对中国乃至世界轨道交通行业发展进行深入的观察和理解，并针对 AFC 行业产品技术层面不断革新，充分发挥自身优势，结合行业特点，继续聚焦“人行出入口控制”领域研究，助力中国城市轨道交通智能化、智慧化发展。

我们都是中国 AFC 行业历史的创造者和见证者，深知 AFC 行业的振兴图强和全面国产替代之路依然艰辛并且漫长，雷格特愿意携手更多志同道合的合作伙伴、专家和社会力量，继续不遗余力地去求索、去创造中国 AFC 行业璀璨美好的新未来！

素履向前，潜心方能笃志。通过《素履向前：雷格特 AFC 发展纪实》一书，我们向《中国轨道交通 AFC 行业里的追梦者》丛书又交出了一份作业，并借此机会向关心、支持雷格特事业发展的社会各界表示衷心的感谢。本书勾勒出了全体雷格特人作为中国城市轨道交通 AFC 行业里的追梦者和奋斗者形象，梳理了 AFC 行业的发展经纬和雷格特发展历程的得失，承载了我和雷格特的梦想，是全体雷格特人对中国 AFC 行业发展进程的深情回眸和倾情咏叹，既代言了一个伟大时代对一个新兴行业未来道路的理性选择，也是雷格特留给后来者的一份值得回味的成长印记和文化馈赠。

孜孜以求，前路必将璀璨。我们始终眷恋这个行业，热爱雷格特。在人类创造历史的痕迹愈加丰富斑斓的今天，我们用纪实的方式从一个剖面记录下中国 AFC 行业的发展、更新和蜕变。我们希望，本书不仅成为雷格特人的成长印记，也将成为更多 AFC 行业伙伴奋进征途中的知己。

2021 年 8 月 8 日

出版说明

为宣传数十年来我国轨道交通行业中国企业及从业人士在开创和实施自动售检票（AFC）系统项目过程中刻苦钻研、潜心服务、敢于创新、勇于进取的精神，总结提升我国轨道交通 AFC 系统的专业技术水平和服务保障能力，充分发挥 AFC 系统在轨道交通服务中的“脸面”作用，推动我国轨道交通事业持续发展，特编写出版本系列丛书《中国轨道交通 AFC 行业里的追梦者》。

“一家一传记，一人一故事”。丛书从业主、集成商、设备制造商、模块供应商、设计院及工程施工单位等多个视角，通过丰富的案例和故事，加上一些珍贵的历史资料，讲述了我国轨道交通 AFC 行业三十多年来虽历经艰难却不断前行的发展历程。

在当前“一带一路”倡议的大背景下，结合国家轨道交通“十三五”规划，通过此系列丛书的出版，可以使业内决策者和具体工作人员更进一步了解和熟悉轨道交通 AFC 系统——这一轨道交通行业里唯一涉及运营收费的专业领域——的作用。

《素履向前：雷格特 AFC 发展纪实》是本系列丛书之一，主要了讲述了作为我国轨道交通 AFC 行业的重要成员之一的苏州雷格特智能设备股份有限公司如何起笔现代化，擘画新蓝图。我们既有扎根于理想沃土的诗和远方，又有创新创业浪潮中的奋斗和呐喊；既有山重水复，又有柳暗花明；既有逢山开路遇水架桥的从容睿智，也有“不畏浮云遮望眼”的笃定豁达，更有“直挂云帆济沧海”的豪情执着……这，就是中国城市轨道交通 AFC 系统发展愿景的“雷格特模样”！本书记录了雷格特伴随着我国轨道交通事业的发展，一路成长、求索、蜕变、强大的过程。

书名为“素履向前”，取自《周易 · 履卦》：“素履之往，独行愿也。”意为以朴素坦白之态度行事，此自无咎。以此为名，以名咏志，宣示了雷格特人质朴无华、清白自守的创业态度和笃定前行、无所畏惧的奋斗精神。十载沧桑风雨，十年奋斗历程，雷格特人在人行出入口控制领域的潜心耕耘和匠心坚守，由此可见一斑。

通过本书，读者可以走进雷格特，走近雷格特人，了解雷格特跌宕起伏振奋人心的创业故事，倾听雷格特人素简质朴却动人心弦的奋斗诗篇。本书不仅全面深入地记录展现了雷格特成立十年来发展历程，也以雷格特独特的视角去探索和见证了中国城市轨道交通行业的快速发展。

2021 年 5 月，雷格特迎来了新厂房落成暨成立十周年的辉煌盛典。雷格特不懈筑梦，十年磨一剑，宏伟蓝图已经绘就。以新厂的建成投产为契机，实现雷格特新的跨越，是雷格特发展史上又一次新的启航。雷格特的事业发展从此正式迈入 2.0 时代，雷格特人从此踏上了新的征程，奋力开创新的未来。

一门一世界，一梦一天堂。雷格特从“门”到“闸机”的演变开始，以十年的匠心智造和智者求索，谱写了一曲荡气回肠的创业者史诗，也给整个行业和后来者留下了可供参考、启迪的行业创新者和引领者样板。面向未来，雷格特将继续积极向上、永远满怀热忱，一如既往地追求、践行让每个人都能舒适有序地进出、用秩序给世界带来安全和文明的愿景和使命，继续书写雷格特人的动人故事，与中国城市轨道交通行业一路同行，共同成长，共创美好未来！

前言

一朝雷鸣天下知

胡凡 （笔名“楚天舒”），男，祖籍湖北黄冈，现定居南京。2006 年毕业于南京大学中文系，南京市作家协会会员，出版有诗集《时光的水滴》，小说、诗歌、影评等作品，散见于网络和多种文学杂志。

谦和友善言诚信，
专业敬业行扎实。
十载勤勉凭谁问？
一朝雷鸣天下知。

当代中国，越来越成为世界关注的重心——源于中国的迅速崛起，源于中国一跃成为世界第二大经济体，源于中国正在从世界大国走向世界强国。如何认识当代中国，就显得愈发重要。而中国交通行业的迅猛发展，是中国社会经济迅猛发展进程的一个缩影，中国城市轨道交通 AFC 行业的发展，则是这个缩影之上的一顶备受瞩目金光熠熠的皇冠。

王建强，苏州雷格特智能设备股份有限公司董事长，中国城市轨道交通 AFC 行业的先锋人物，一个充满创业热情和创新魄力的开拓者。他扎根于中国城市轨道交通 AFC 行业近二十年，洞悉趋势，把握行业发展规律，从认识行业、创新行业、改革行业和发展行业四个方面来阐释如何认识和定义轨道交通 AFC 行业。雷格特的发展历程，凝聚了王建强董事长近二十年的行业经验与观察思考，他以创业者、参与者和见证者的多元视角，为我国城市轨道交通 AFC 行业的发展作出了独特的贡献。

十年来，王建强董事长带领着全体雷格特人在实践中不断开拓创业之路，在国内、国际多个城市形成了品牌力和影响力，发出了“雷格特声音”，让世界了解认识雷格特，也让雷格特在穿越十年的风雨历程之后重新认识了自己。

雷格特在中国城市轨道交通AFC行业中潜心耕耘了整整十年。2021年5月8日，雷格特迎来了新厂房的落成暨公司成立十周年盛典。站在新的十年征程起点之上的雷格特，正踌躇满志拥抱新机遇，也枕戈待旦直面新挑战。正如王建强董事长对雷格特的未来发展满怀信心和信念，我也同样相信，从创始之初就兼具创业和创新基因的雷格特，正在迎来跨越式发展的开局之年——十年的历史积淀和丰硕成果，创造和成就了一个正青春的雷格特。凭借蓬勃的朝气、优质的产品和卓越的团队，重新出发的雷格特，将一如既往地追求、践行“让每个人都能舒适有序地进出、用秩序给世界带来安全和文明”的愿景和使命，夯实更加纯粹的企业文化，促进公司快速可持续发展。这样的雷格特风华正茂，未来可期！

雷格特新厂房落成暨成立十周年庆典仪式

城市轨道交通 AFC 行业作为城市轨道交通信息系统化的“造血系统”，伴随着中国经济社会的发展而快速腾飞。从 1989 年到 2021 年，中国城市轨道交通 AFC 行业与改革开放日新月异的中国一路同行，日臻成熟。十年前雷格特创立之际，适逢中国城市轨道交通 AFC 行业技术国产化进程最为快速、创新成果呈“井喷”态势的阶段，“生逢其时”的雷格特也因此得以越过了行业发展历程中的一些“陷阱”和“大坑”，和中国城市轨道交通 AFC 行业一起迈入了快速发展的黄金时代，并且凭借自己的科研实力和果敢创新，在多个细分的领域实现了弯道超车。

对于王建强董事长和雷格特的创业团队成员来说，中国城市轨道交通 AFC 行业早已融入了他们的生命之中。逐鹿在城市轨道交通 AFC 行业领域，雷格特是他们描绘理想蓝图的画布，也是他们播种梦想的沃土。在成就优秀、迈向卓越的追梦旅途之上，全体雷格特人在王建强董事长的带领下，策马扬鞭，一往无前！

想要成为中国乃至世界的人行出入口控制领域的引领者，干劲、韧劲和智慧缺一不可。雷格特的发展，凭借的不仅是产品、技术、制造、服务方面的突出优势，更是源于全体雷格特员工的智慧与努力。为了同一个梦想，大家齐心协力、不断探索。十年来，王建强董事长和全体雷格特人一起潜心研究，不懈创新，努力奋斗，才使得根植于每个人胸腔深处的 AFC 行业发展梦想得以燎原和大放异彩，雷格特的事业也得以不断发展和壮大。

十年来，雷格特不仅积极参与中国城市轨道交通 AFC 行业的发展，而且正在稳步地成为行业创新者、行业引领者。雷格特的发展历程不仅是我国轨道交通 AFC 系统企业发展的一个缩影，更为行业后来者的发展提供了独具特色且可供借鉴和参考的创业样本。

作为我国轨道交通 AFC 系统设备的杰出提供商，雷格特以"打造全球人行通行控制智能终端解决方案的引领企业"作为企业战略和发展目标，号召全体员工和合作伙伴勇于承担责任、具有团队精神、有上进心善于学习、了解他人需要。在编写本书的过程中，我不止一次地被王建强董事长和雷格特人身上所具备的"谦和、友善、诚信、扎实、专业"的人文品格感动，正是因为雷格特人的可爱、可亲和可敬，雷格特才能在群雄逐鹿竞争激烈的城市轨道交通 AFC 行业脱颖而出。

本书是《中国轨道交通 AFC 行业里的追梦者》丛书之一，是中国城市轨道交通 AFC 行业画卷中浓墨重彩的一笔。在本书的编写过程中，很荣幸地得到了陈凤敏女士的鼓励和指导，也得到了雷格特领导层的关心和支持。王建强董事长为本书作序，袁鑫、周超、温慧娟等领导百忙之中积极接受采访，指导本书的写作，他们不辞辛苦地提供素材、发掘线索、搜集资料，对本书的顺利完稿贡献诸多，在此一并致以诚挚的感谢！

因时间仓促，加上水平有限，错漏之处在所难免，也请广大读者不吝指正。惟愿《素履向前：雷格特 AFC 行业发展纪实》一书，既可以作为雷格特十周年之际一份特别的献礼和纪念，也能成为我国城市轨道交通 AFC 行业发展历程的回眸和见证。

著者

2021 年 8 月 15 日

卷首语
感恩十年，共创雷格特美好未来

梦想，是最伟大的财富，具有不可思议的神奇力量；梦想，无论怎样模糊，总会潜伏在我们的心底，就像蛰伏在地下的种子一样，不经意间萌芽滋长，向阳而生。

十年荆棘路，一曲奋进歌。回首雷格特创业十年来的点点滴滴，你会发现，雷格特的成长和发展就是梦想的产物。十年前，雷格特从苏州出发，始终坚定自己的方向和使命，一路走来，披荆斩棘，风雨无阻。从最初只有几个人的默默无闻的小公司，成长到如今营销网络遍布全国、辐射全球，在业界享有较高声誉的大公司，我们走过了一条漫长曲折的路。

过去十年，我们有过成功的喜悦、有过转型的彷徨，有过跌倒的疼痛，有过裂变的挣扎。蓦然回首，十年的奋斗、挑战、得失和荣辱历历在目……艰难困苦也罢，玉汝于成也罢，真正在我们内心澎湃不止的，惟有感恩——感恩各级政府，始终关怀鼓励；感恩社会各界，始终鼎力支持；感恩每一个合作伙伴，始终信赖相伴；感恩这个伟大的时代赋予的各种机遇和挑战，让我们得以磨砺、坚韧并逐渐强大；感恩每一个雷格特员工，始终敬业并且不懈奋斗。十年来的每一个昼夜，我们成长、成熟并且走向成功。

在毕达哥拉斯的数理体系中，数字“10”是全体和创造的象征，通常用一个十角星来表示。另外，“10”还象征着历史的转折点或者神话故事中的一个轮回，如同特洛伊城沦陷前被困了十年一样。在十进制中，10是最小的两位数，预言着事业全新的转折点和新一轮征程的开始。如今，雷格特正处于十周年这一关键的时间节点，同样也预示着一个全新的开始。十周年庆典的主题“同舟十载，筑梦未来”标志着雷格特发展进入了全新的阶段，至此，“建设雷格特品牌，树立行业标杆”成为雷格特第二个十年的全新发展战略。

十年前，中国AFC行业图谋变革，风起云涌，雷格特蹒跚起步；十年后，中国AFC行业千帆竞逐，百花齐放，雷格特已发展成为中国最优秀的AFC代表企业之一。十年来，雷格特事业的格局和规模一直在变化，不变的是雷格特人为梦前行的奋斗精神以及实践企业社会责任的坚定信念，这不变的精神和信念让雷格特的力量得以持续生长和凝聚，让雷格特的梦想长出了坚实有力的翅膀，让雷格特在人行出入口控制领域所倡导的“让每个人都能舒适有序地进出、用秩序给世界带来安全和文明”的使命和愿景得以一步步推进。与此同时，雷格特始终积极回馈社会，勇于承担企业社会责任，在慰问弱势老人、倡导生态环保、积极参与抗击疫情等多个社会责任领域捧出了拳拳爱心，焕发出了巨大的热情与能量，雷格特品牌的社会价值历久弥新，深入人心。

十周年是一个值得铭记的里程碑，既是雷格特事业发展的全新起点，也是承担新责任和新使命的全新起点。我们相信，对梦想的坚持，对责任的承担，将缔造更加强大的雷格特，将温暖更多人的心，照亮更多人前行的道路。只要我们执着梦想，雷格特的事业就会越来越发达，雷格特人的未来也必将更加精彩纷呈、辉煌夺目。

让我们携手并肩站在全新的起点之上，满怀感恩，开启新征途。一群人，一件事，一条心，为梦前行，齐心协力，共创雷格特美好未来！

目录

同舟十载，筑梦未来

“雷格特梦”，属于每一个平凡普通的雷格特人。在积极推动企业、行业和国家发展进步的伟大进程中，我们鼓励每个人都在雷格特事业平台之上树立自己的梦想，并积极创造条件，让每个人共同享有事业成功的机会，共同享有梦想成真的机会，共同享有同雷格特、AFC 行业和时代一起成长与进步的机会。让我们齐心协力，众志成城，一群人，一件事，一条心，一起追求雷格特梦想，弘扬雷格特精神、凝聚雷格特力量，共创美好，共享未来。

公司高管近照

第 1 章
管窥 AFC 行业发展

洞悉行业发展，把握行业机遇，直面行业问题，顺应行业趋势。积极融入 AFC 行业发展历程，见证、参与并且引领行业发展，是雷格特矢志不渝的初心。

AFC 行业发展历程

AFC(Automatic Fare Collection， 自动售检票) 系统是基于计算机、通信、网络、自动控制等技术，采用非接触式 IC 卡、token（代币）等形式作为车票介质，通过高度安全可靠及保密性强的 AFC 计算机网络，实现城市轨道交通售票、检票、收费、计费、统计分析、数据挖掘、清算及决策支持等票务运营全过程、多任务的自动化管理系统。AFC 系统主要由线路控制中心、车站控制中心、终端设备三个部分组成，其中常见的终端设备有自动售票机、半自动售票机、闸机、手持式检票机、充值机、查询机等。

20 世纪 70 至 90 年代，西方发达国家城市在推行 AFC 系统时，使用磁票作为介质，并建立基于磁票处理的 AFC 系统。早期 AFC 系统面向单一线路建设及运营管理，由于技术要求难以统一，各国各城需求不同，AFC 系统的设备功能、系统功能、运营管理有很大不同。如日本使用小磁票作为单程票，PET 磁票作为定值储值票；美国使用 ISO 尺寸磁票作为单程票等。20 世纪 90 年代以来，以 PHILIPS MIFARE 为代表的非接触 IC 卡出现及不断成熟，新兴发展中国家在大力建设地铁公共交通系统同时，同步建设 AFC 系统，AFC 系统发展随车票介质的变化而步入快速规范发展的轨道。

我国的 AFC 系统首先是在上海、北京、广州等大城市运行试点，在 1997 年，上海市开始建设中国第一条基于磁票单程票及非接触 IC 卡储值票的 AFC 系统 (上海地铁 1 号线、2 号线)；2004 年起，为满足 2008 年北京奥运会的大客流到来，北京全线 AFC 系统改造，于 2008 年 5 月完成 8 条线路网络化一票通及一卡通的并网运行，开轨道交通 AFC 系统建设及开通运营先河；2010 年 3 月，国家颁布轨道交通 AFC 系统设计及实施导则。自此以后，我国 AFC 系统正式进入快速发展期。

AFC 系统是一种取代人工售检票的智能化系统，其市场发展与城市轨道交通行业息息相关，高速铁路、城市轨道交通建设里程的提升将会带动间隔站点的建设，从而拉动 AFC 系统相关设备的配备。

从 AFC 市场参与主体来看，参与者主要由系统集成商、终端设备供应商和专业模块供应商等三类企业组成，部分系统集成商也参与终端设备的制造，轨道交通 AFC 行业的市场竞争也相应分为系统集成、硬件设备 / 终端设备及专用模块三个层面。

我国城市轨道交通 AFC 行业的发展协作和市场竞争格局如下：

（1）系统集成竞争

系统集成商一般具备软件编写、后台清算等集成能力，部分还具有终端设备的制造能力，拥有较强的谈判能力，是大多数项目的总包方。

在系统集成领域，国内市场份额主要集中在为数不多的国内系统集成商及数家具有外资背景的系统集成商手中，国内系统集成商包括方正国际软件（北京）有限公司（以下简称“方正国际”）、上海中软华腾软件系统有限公司（以下简称“中软华腾”）、高新现代智能系统股份有限公司（以下简称“高新现代”）、中国软件技术与服务有限公司（以下简称“中软”）、上海华虹计通智能系统股份有限公司（以下简称“华虹计通”）、上海普天邮通科技股份有限公司（以下简称“普天邮通”），具有外资背景的系统集成商包括韩国的三星公司（以下简称“三星 SDS”）、西班牙的英德拉公司（以下简称“Indra”）、法国泰雷兹集团（以下简称“泰雷兹”）等厂商。

（2）AFC 硬件设备 / 终端设备竞争

终端设备供应商一般从系统集成商处获得设备分包合同，或者和系统集成商组成投标集团，共同参与投标。随着国家对 AFC 系统国产化比例的要求和国内设备商制造能力的提高，部分业主采取了对 AFC 终端设备单独招标的形式，这种情况下 AFC 终端设备商中标后，或者直接和业主签订合同，或者和中标的系统集成商签订供货合同，上海、武汉和广州地铁项目曾分别用过这样的招标方式。业主对系统和设备商分开招标的方式，使得国内品牌设备商可以凭借自己的优势更为自主地参与轨道交通投标工作，市场开拓有了更大的独立自主性。目前国内 AFC 终端设备供应商的总体规模不大，许多企业仅能生产门禁闸机，真正的 AFC 终端设备制造商不仅要具备售票、检票等终端设备的硬件加工能力，更需拥有核心控制软件、核心模块的开发设计及制造能力，所供产品的质量及其可靠性还应在轨道交通等重要应用领域中经过反复的验证。目前国内能够满足这些要求的AFC终端设备供应商不多，主要包括雷格特、上海华铭智能终端设备股份有限公司（以下简称“华铭智能”）、广州广电运通金融电子股份有限公司（以下简称“广电运通”）、普天邮通等。这些AFC终端设备制造商经过多年发展，综合竞争能力不断提升，业主认可程度较高。此外，部分系统集成商如华虹计通等也对外提供终端设备。

（3）模块竞争

模块提供商的竞争主要涉及个别核心模块的生产制造，集中在自动售票机的纸币识别模块和自动检票机的扇门阻挡模块两个领域，纸币识别模块主要有G&D的BIM2020和MEI的BNA541，两种产品各有优势，价格接近。国内广电运通已自主研发生产出了BA-15钞票识别模块。在自动检票机的扇门模块领域，主要有固力保（Gunnebo）和马格内梯克（Magnetic）两家。目前雷格特自行研发生产的扇门模块已在国内及海外多个项目中批量使用。

中国城市轨道交通AFC行业市场竞争十分激烈，初期未形成高度集中或垄断的竞争格局，集成商、设备制造商和模块生产商，良莠不齐，产品定位和业务交叉重复较多，一度陷入了混战。随着AFC系统逐渐向规范化、智能化、自动化等方向发展，系统集成商、终端设备商和模块开发商的分工也逐渐清晰，整个行业的分工协作和细分领域的协同发展的良性发展格局逐渐形成。

AFC 行业发展机遇

近年来，随着我国高速铁路建设里程的增加，以及城市轨道和地铁逐渐在各大中型城市建立并发展，人工售票与检票已经无法满足交通出行的发展需要，为了进一步提高人们的出行效率、保障人们的交通安全，AFC 系统被广泛应用于各城市轨道与地铁中。新思界产业研究中心发布的《2020—2025 年自动售检票系统行业市场深度调研及投资前景预测分析报告》显示，2019 年我国自动售检票系统市场规模为 77.9 亿元，预测至 2025 年，我国自动售检票系统市场规模将有望突破百亿元。

交通运输部发布《2020 年城市轨道交通运营数据速报》，披露了 2020 年底全国各大城市轨道交通综合数据和具体排名。虽然受到疫情影响，但 2020 年度城市轨道交通运营里程方面依旧保持较快增长，年度内新增城市轨道交通线路 39 条，新增运营里程 1240.3 公里，较上年增长 20.1%。

截至 2020 年 12 月 31 日，全国（不含港澳台）共有 44 个城市开通运营城市轨道交通线路 233 条，总运营里程为 7545.5 公里，车站 4660 座，实际开行列车 2528 万列次，完成客运量 175.9 亿人次，进站量 109.1 亿人次。

AFC 系统的发展趋势

我国城市轨道交通系统立足于长远，大量采用国际先进的现代化机电设备，以确保城市轨道交通系统安全、快捷、准点、有效。其中自动售检票 (AFC) 系统更是体系复杂、技术含量高、专业面广、运营维护困难，并且需要根据业务需求不断地更新改造。

1. AFC 系统现有的五层架构

AFC 系统作为城市轨道交通服务公众的窗口，是城市轨道交通系统运营服务的核心子系统。其高度的智能化设计，集合了售票员、检票员、会计、统计、审计等角色，以数据收集和控制系统实现了票务管理的高度自动化，同时还能为城市轨道交通企业的各业务部门提供业务辅助分析决策服务。AFC 系统集计算机技术、机电一体化技术、模块识别技术、商业智能技术等多种高新技术于一体。面对日益膨胀的社会需求，AFC 系统在城市轨道交通建设与运营中受到高度重视。随着电子、生物及人工智能技术的高速发展，自动收费系统的理念和技术也发生了巨大变化。现阶段，车票线网化的 AFC 系统一般具有五层架构（图 1-1）。

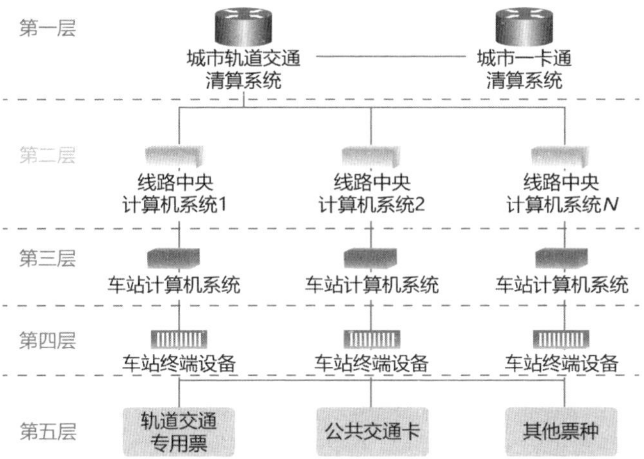

图 1-1 AFC 系统的五层架构

（1） 第一层清分系统层

清分系统层即综合中央计算机系统 (ICCS) 层。其主要功能是统一 AFC 系统内部的各种运行参数，收集 AFC 系统产生的交易和审计数据，进行数据清分和对账，以及数据挖掘，并辅助各业务部门作出分析决策，还负责连接城市一卡通的清分系统。ICCS 层同时附带了编码分拣机 (ES)，以分拣现时流通车票、编制员工票以及给储值票赋值等。ICCS 层规定了对车票管理、票务管理、运营管理和系统维护管理的技术要求。

（2）第二层线路中央计算机 (LCC) 系统层

其主要功能是收集本线路 AFC 系统产生的交易和审计数据，并将此数据传送给城市轨道交通清分系统，与其对账。LCC 系统层规定了对该线路的车票票务管理、运营管理及系统维护的技术要求。

（3）第三层车站计算机 (SC) 系统层

其主要功能是对第四层的车站终端设备 (TVM、BOM、AGM、TCM) 进行状态监控，用听觉和视觉信号指示故障、报警状态的最新变化，以及收集本站产生的交易和审计数据。SC 系统层规定了系统的数据管理、运营管理及系统维护管理的技术要求。

（4） 第四层车站终端设备 (SLE) 层

第四层是安装在各车站的站厅、直接为乘客提供售检票服务的设备。SLE 包括自动售票机 (TVM)、票房售票机 (BOM)、闸机 (AGM)、自动验票机 (TCM) 等。TVM 接受人民币 , 发售单程票及对储值票充值；BOM 通过操作员操作，能售出储值票、单程票等票种，还能进行车票分析和更改；AGM 有扇门式和转杆式，对乘客实施进闸验票、出闸扣费，其顶部装有乘客显示器以提示有关票卡信息；TCM 是乘客自行操作的设备，能帮助乘客查阅单程票和储值票的票值及有效期。SLE 层规定了车站终端设备及其运营管理的技术要求。

（5）第五层车票 (TICKET) 层

第五层是乘客所持的车费支付媒介。车费的支付模式多样，有单程票、储值票、乘次票、一卡通，以及最新应用的手机电子钱包等。车票层规定了储值卡和单程票两种类型的物理特性、电气特性、应用文件组织以及安全机制等技术要求。

2. AFC 系统的产品特性

AFC 系统在知识经济时代被研制出来的目的，就是要取代轨道交通系统票务人员的繁重售检票工作，实现售检票的自动化。既然 AFC 系统是要直接面对乘客的，它就必须是知识和智能相结合的高新技术产品。

AFC 系统集计算机技术、机电一体化技术、模块识别技术等多种知识经济时代的高新技术于一体，含有许多知识产品的特征; AFC 系统的建设维护需要一批知识性人才，人力成本较高; AFC 系统中的知识产权、专利技术等无形资产占有很大的比例; AFC 系统软硬件产品的升级换代周期短，折旧快；AFC 系统不需要消耗大量的物质资源，就能创造出很大的价值。

AFC 系统产生于知识经济时代，将延伸于今后的智能经济时代。近年来，随着人工智能的不断突破，其分支商业智能 (BI) 的兴起，又使 AFC 系统能向智能产品方向延伸。其突出表现在 AFC 系统第一层 (清分系统层) 对 BI 的应用，通过数据挖掘，为运营部门、营销部门、资源部门、财务部门提供决策依据，甚至辅助决策。这就改变了知识经济时代的决策完全由人脑来完成的状况，大大减少了因为人脑的决策偏差和失误造成的风险，提高了城市轨道交通企业的经营管理水平。

3. AFC 系统在当前发展中所面临的新问题

今后的 AFC 系统将会更复杂，技术含量更高，专业面更广，运营维护更困难。技术、资金及人才的瓶颈将会影响和阻碍 AFC 系统的可持续发展。

在技术上，AFC 系统设备容易出现设备不兼容、业务规则不一致等问题，容易产生设备故障、收益损失等运营风险，进而造成运营成本提高、运营质量下降等连锁反应。一些隐藏的设备问题需要较长的时间才会暴露出来。

在资金上，AFC 系统设备常年处于超强度、超负荷的运转状态，工作时间长，磨损严重，一些设备未过折旧期就已经故障百出而需要更换。另外，技术标准的更新，使原有设备无法与新线设备兼容，远远未到折旧期就被迫更换。这些都造成 AFC 系统的更新改造频繁。由于更新改造资金有限，往往造成 AFC 系统更新改造周期被延长。

在人才上，随着 AFC 系统的不断发展，其应用领域会越来越广，应用层级会越来越高，进而需要专业领域更广、层级更高的人才参与。而城市轨道交通企业作为传统运作型企业，因各种原因也较难聘用到各领域核心人才，这会阻碍 AFC 系统延伸功能的应用及开发。

4. AFC系统发展趋势

事物总是朝着解开它自身束缚的方向发展的。AFC系统的以下发展趋势显然能有效地缓解AFC系统在当前发展过程中的技术、资金及人才瓶颈，实现AFC系统的可持续发展。

（1）标准化

国家标准化管理委员会早在2007年就发布并实施《城市轨道交通自动售检票系统技术条件》，标志着我国AFC系统的标准化迈出了第一步。同时，各地城市轨道交通企业也在制定AFC系统各层设备细化的企业标准，如轨道交通AFC系统公共接口规范、线网读写器接口标准、车站计算机与车站设备接口标准、设备界面设计标准等。

标准化使AFC系统呈良性发展的趋势。它带来如下深远的影响：建立完善的产品测试验收流程，在AFC系统产品质量得到有效保证的前提下，可催生出一批有实力的国内供货商和高品质设备；使AFC系统新增与改造实现分段招标；为运营部门日后采用AFC系统国产化配件提供了标准；使运营部门对AFC系统设备的使用和维护进入标准化时代；使设备功能具备可扩展性，随时满足轨道交通运营工作出现的新变化、新要求。这些影响可使AFC系统在发展演变过程中所产生的技术困境和风险得到缓解。

（2）国产化

城市轨道交通AFC系统的国产化是城市轨道交通企业和供应商共同关注的问题。对于城市轨道交通企业来说，国产化能摆脱对国外供货商的技术依赖，降低建设与运营成本；对于供应商，特别是国外供货商，国产化促使其更好地融入国内市场。国际知名的专业厂家为获得中国市场的更大份额，纷纷与国内厂家联手，在中国制造高品质的 AFC 系统车站终端设备。与此同时，国内自主研发设计的本土厂商也在逐渐兴起，一些高端 AFC 设备、核心部件和相关模块，也正在逐步实现国产化，AFC 系统设备的国产化趋势日益明显，国产化率普遍达 80% 以上。

当然，也应该清醒地看到，AFC 系统国产化的道路还十分漫长。AFC 系统的软件开发商、系统集成商、硬件设备商、模块生产商的自主设计研发能力还有待进一步增强。与此同时，国内的 AFC 系统设备厂家和系统集成商也在主动寻找合作机会，弥补系统开发能力不足的缺陷，使 AFC 系统国产化得以全面实现，将是 AFC 系统发展的长期趋势。而这种国产化的长期趋势，将会有效地解决日后 AFC 系统在运行维护和更新改造中的资金压力和技术难题，中国城市轨道交通 AFC 行业的全面国产替代终将从梦想走向现实。

（3） 智能化

智能化是 AFC 系统近几年来的最新发展趋势。AFC 系统第一层（清分系统层）的建立除了满足日常的结算业务外，更重要的是使体系内所汇集的各类票务数据能被有效整合，利用 BI 技术将城市轨道交通企业中现有的数据转化为知识，帮助企业各业务部门做出明智的决策。如：帮助车务部门分析决策乘客分流方案，帮助营销部门分析决策票价优惠方案，帮助资源部门分析决策资源营销方案，帮助财务部门分析决策财务收支方案等。而在过去，这些都是由各专业领域人才完成的，现在 BI 可以协助完成。

随着移动互联技术和 AI(人工智能) 技术的不断发展与成熟，AI（人工智能）技术在 AFC 系统各层的应用将会不断地延伸，使 AFC 系统不但具有高度的自动化，而且具有高度的智能化。这将大大地缓解 AFC 系统对各专业领域、各层级人才的需求压力。

目前已开通城市轨道交通的 44 个城市均实现了互联网支付功能，包括互联网购 / 取票、扫码过闸以及手机 NFC 过闸等。以互联网支付技术应用为契机，各地铁公司或选择自建互联网票务平台与官方 App，或选择利用主流互联网支付方式，实现地铁出行的便利，提供更加优质的品牌化服务。在过闸感知技术的应用方面，目前各地铁公司采用的过闸感知技术主要包括乘车二维码（官方 App、云闪付乘车码、支付宝乘车码、微信乘车码）、NFC（HCE 云卡）、银联闪付、面部识别、双目识别、掌静脉、蓝牙等多种智能识别方式，大幅提升了乘客通行体验和通过效率。

第2章
雷格特的前世今生

雷格特的创始团队成员，既是行业里最谦虚的学生，也是行业里最醒目的“叛徒”。一段旅程，一程山水，移步换景之后，他们从山重水复走向柳暗花明，并就此无怨无悔地踏上了创业的漫漫征途。

AFC系统国产化号角吹响

大约在2000年前后，中国迎来了城市轨道交通建设的第一轮高潮，北京、上海、广州、大连、天津、深圳、武汉、重庆、南京等一二线城市的轨道交通项目陆续上马，并且开始配备AFC系统设备。在这一轮建设大潮中，AFC系统不再是高不可攀的“豪华配置”，而是城市轨道交通的基础“标配”。

与此同时，AFC系统的升级换代的脚步也从未停止——进出站的车票介质从磁卡逐步变成了非接触式IC卡，并鉴于城市轨道交通与传统公交实现联动互通的趋势，在系统设计和建设的初期就已经尝试与公交一卡通对接，从而给人们的出行提供了更大的便捷。

国外知名的AFC厂商接踵而来，像美国的“寇比克”公司(Cubic)、法国的泰雷兹集团（Thales）、西班牙的英德拉公司(Indra)、加拿大的泰尔文特公司(Telvent)、瑞典的固力保公司(Gunnebo)、爱尔兰的马格内梯克公司(Magnetic)，日本的欧姆龙自动化有限公司(Omron)、日本信号股份有限公司（The Nippon

Signal Co.,Ltd.)，韩国的三星公司（SDS）、乐喜金星集团(LGCNS)，新加坡的新科电子集团有限公司，以及在深圳的优联电子有限公司（Amphenol-ANYTEK 的中国经销商）等。国外公司在各种技术交流会、展览会上频繁露面，积极抢抓中国城市轨道交通快速发展的新机遇。

为了更好地适应中国本土化服务需求，这些国外企业也在积极寻求与国内企业的合作。根据主导企业的不同，这些国外企业逐渐分为三大技术流派——以日本的欧姆龙和日本信号为首的日系流派，以法国泰雷兹为首的法系流派和以美国寇比克公司为首的美系流派。当时中国的 AFC 系统设备的领头羊主要集中在上海、北京和南京。其中上海地铁 AFC 系统主要引进美国的寇比克公司技术；北京地铁 AFC 系统主要应用日本的技术，例如方正国际，2003 年就与日本欧姆龙成立了“AFC 联合研发中心”，同时也借鉴、结合美法流派的优点进行创新融合；而南京地铁 AFC 系统则主要沿用法国泰雷兹的技术。

随着中国社会经济的高速发展，城市化进程和城市轨道交通的发展速度也在与时俱进，人口流动性的加速、客流量的大幅增加，使得 AFC 系统变得越来越重要。

中国 AFC 行业最初的成功样本——应用于上海轨道交通地铁 1、2 号线的 AFC 系统，全盘引进了当时最为成熟、稳定的国外 AFC 系统技术，在中国城市轨道交通发展的初期阶段给人们留下了高效、便捷的印象。但是无论是行业的专家，还是置身于行业的厂家和本土企业家，都深知将中国 AFC 行业的发展寄希望于外资企业并非长久之计。

事实上，随着 AFC 系统后续不断的改造升级，完全依赖进口的上海地铁 1、2 号线 AFC 系统果然暴露出了种种弊端，如造价昂贵、运营成本高、技术对外方依赖性强等。另外，进口设备和系统功能与国内运营管理要求匹配度低的问题也逐渐显露。

与此同时，上海地铁 1、2 号线 AFC 系统中的国有资产——应用软件经过几轮的升级更新，也进入保值和升值的良性循环。这也让国内厂家看到了 AFC 系统国产化的可能性。对于像轨道交通事业这种“功在当代，利在千秋”的民生工程，政府和相关主管部门也殷切期待能有一批国内企业独立生长，打破国外公司的市场垄断，实现 AFC 系统局部乃至整体的国产替代，并提供长期化的技术支持和低成本可持续的维护。

轨道交通建设的快速发展使得与此配套的 AFC 系统需求量越来越大，如果继续采用进口设备，投资成本势必增大。因此国内市场产生了新的消费需求——必须出现既能有效降低成本，又能适应中国本土运营的 AFC 系统。国务院明确提出了轨道交通设备 60%国产化的要求，进一步加快了 AFC 系统国产化的步伐。

“万事开头难”，国产化对于 AFC 系统来说并不是一句简单的口号，实现的难度很大，存在着高技术壁垒、专业人才紧缺等多种困难。国内企业深知，要想有所建树，加快 AFC 系统技术的国产化是必由之路。2005 年，“第二届城市轨道交通自动售检票系统技术应用研讨会”在南京举行，有 150 余家企业参加，会议的主题是“国内外 AFC 系统运营”，也是 AFC 系统国产化号角一次集体奏响。

成功走出一条适合我国城市轨道交通发展的国产化道路，是国内所有相关领域企业追求的共同目标。这次，上海又一次冲在了第一线，面对合作到后期美国 Cubic 公司的恶意抬价、后续合作存在着诸多阻力的难题，上海市政府组织了本地 3 家国内企业——主要负责系统芯片的华虹计通、主要负责电子的普天邮通和主要负责软件的中软华腾，强强联手。

上海地铁运营有限公司对寇比克公司留在上海轨道交通的近百台 AFC 系统设备进行细致分析，对比国内现有技术进行填充替换，不断优化技术方案，在软件层面将原属于寇比克公司的系统用国产系统全部改造升级，形成了具有“中国特色”的 AFC 系统设备。这次攻坚行动使得数百台进口设备不仅免于报废，避免了上亿元的国家投资损失，也满足了上海轨道交通营运不断变化的需求，在上海地铁最繁忙的 1 号线、2 号线持续可靠运行了十余年。上海地铁“外国身子中国脑袋”的 AFC 系统给后续整个行业的国产化之路提供了宝贵的技术模板和探索路径。

自此，AFC 国产化的大门真正打开了，上海采用的“用市场换技术”特有发展战略被国内各大高新科技企业所借鉴。在国内 AFC 系统潜在市场不断扩大的前提下，国内企业也积极与国外厂家合作，引进并借鉴国外先进技术，不断调试配合，力图寻找最适合中国的 AFC 本土化方案。

在这期间，南京熊猫信息产业有限公司（以下简称“熊猫信息”）与泰雷兹组成联合体，合作了南京轨道交通 1 号线；中软与日本信号合作了北京机场线；方正国际与日本欧姆龙在北京地铁 5 号线合作……这些优秀的轨道交通项目探索和拓宽了国内企业与国外企业合作的道路，使国内企业在实际项目实施上得到了锻炼，获得了经验，加快了对国外 AFC 技术的吸收和转化进程。

值得一提的是，国内企业在与国外企业合作完成项目的同时，始终不忘投入大量资源进行 AFC 系统和设备软硬件的攻关与研发。早在 1998 年，高新现代就开始了轨道交通 AFC 系统和城市一卡通系统的自主创新；普天邮通首创研发的具有自主嵌入式实时操作系统的自动售检票机设备，使得相关领域彻底摆脱了对进口产品的依赖，为在轨道交通领域推广应用自主知识产权做出了重大贡献……还有华虹计通、中软华腾、熊猫信息、中软、方正国际、浙大网新科技股份有限公司（以下简称“浙大网新”）等，在经历了合作开发、部件供应、国内组装等阶段之后，不断积累自主研发 AFC 系统的经验，提高相应的专业能力，初步具备了独立设计、生产制造的能力，在 AFC 系统的国产化道路上取得了重大进展。

终于，在上海地铁 1 号线北延伸段 AFC 系统的招标中，华虹计通一举胜出，成为该项目的总承包商，结束了该领域国外供应商一统天下的垄断局面。这个项目的成功建成不但克服了原先诸如造价昂贵、运营费用高、系统的维护和升级困难和售后服务难以及时保障的种种难题，还培育了一批有实力的系统设计集成商以及终端设备和配套部件生产制造商，顺利完成了非接触 IC 票卡相关集成电路的自主设计、制造和封装的国产化，实现了中国 AFC 行业的首次弯道超车。

缘起华士电子和泰雷兹熊猫

适逢新世纪之初，中国城市轨道交通事业的发展如火如荼，AFC 行业方兴未艾，如何才能迅速打开局面，在行业发展的版图之上站稳脚跟？这是每一个中国 AFC 企业都面临的重大课题。雷格特主要创始人王建强、袁鑫等人作为行业从业者，彼时正用火热的青春年华和对于AFC行业的热爱，默默书写着不为人知的“雷格特前传”。

南京华士电子科技有限公司（以下简称“华士电子”）和南京泰雷兹熊猫交通系统有限公司（以下简称“泰雷兹熊猫”）这两家企业正是雷格特主要创始人王建强、袁鑫等人追逐AFC梦想的地方，在这两家企业的从业经历，使得他们不仅积累了丰富而宝贵的行业经验，而且收获了无数美好的回忆。

多事之秋的华士电子

2003年，王建强从东南大学机械系硕士研究生毕业，在求职的阶段，他偶然在学校BBS上认识了刚从南京理工大学硕士研究生毕业的袁鑫，两人长达十八年的缘分就此拉开了帷幕。

基于所学专业和兴趣偏好的趋同性，王建强和袁鑫在硕士研究生毕业之后，不约而同选择了同一家公司——华士电子，还住进了同一间员工宿舍。在华士电子的工作紧张而又充实，从学校跨入了社会，也跨入了陌生而充满挑战的职场环境。工作上，他们在不同的岗位和专业领域各自历练和成长；生活中，两个人相互信赖彼此扶持。闲暇时，王建强和袁鑫既分享生活的趣事和青春的烦恼，也分享工作上的心得经验，二人的友谊之树就这样面朝阳光，茁壮生长。

2004年，正值中国铁路第五次大提速的关键转折点，华士电子创始人、总经理窦念守预见传统的铁路技术已经遇到了天花板，中国的高速铁路呼之欲出。想要在这种大变革的时代占据先机，华士电子就需要和国外先进企业合作。所以在将手里的最后一批车辆的电源模块交付以后，窦念守就带领袁鑫一行赶去德国考察。

那时的王建强正值年轻气盛，对华士电子的管理方式和经营理念并不认同，与当时的主管领导在工作中的矛盾也日益增大，为了更好地改善工作流程，优化工作资源配置和效率，王建强撰写了整整 26 页的工作建议，可并没有受到重视和采纳，王建强心灰意冷，正计划着等窦念守和袁鑫德国考察回来之后就递交辞职报告。

在铁路大提速的背景中，窦念守本就挂念着华士电子短时间内仓促开发交付的产品的使用情况，隐隐有着一种不祥的预感。一天，窦念守接到了客户质疑的电话，他心头一紧，以为事情已经到了旗下员工不敢汇报的地步。加上在德国期间忧思过度，以及旅途中的奔波劳累，竟然突发脑溢血猝然离世。

事实上，员工只是认为设备出现的状况不算是大问题，完全可以自己处理，就没有报告总经理。但是因为当时国内外通信和沟通不畅，加上紧张的工作，这通电话竟然成了致命一击。

袁鑫从德国回到南京已经是午夜。他见到王建强第一句话便是："老窦突发疾病没了！"这句话像是一个没有任何预警就起爆的炸弹，把本想要立即辞职的王建强炸晕了。

华士电子是袁鑫和王建强相识的地方，也是他们研究生毕业后第一份工作的公司。两个人都很珍惜与华士电子的缘分。窦念守去世后，华士电子只留下老板娘和她女儿苦苦支撑，王建强思虑再三，于情于义都不能此时辞职。就这样，王建强撕掉了辞职报告，决定和袁鑫一起继续留在华士电子，至少让华士电子度过因掌门人猝然离世的低谷期。没想到的是，这一待就是三年。

图 2-1 袁鑫和妻子参加华士电子 2005 年年终聚会

出道即巅峰的泰雷兹熊猫

2004 年冬季，熊猫信息和法国泰雷兹集团合作，强强联手，成立了南京泰雷兹熊猫交通系统有限公司（以下简称“泰雷兹”）。凭借着优势的技术和强大的品牌影响力，泰雷兹迅速在中国 AFC 行业中拥有了话语权，并顺利承接了南京地铁 1 号线项目，不负众望地成了中国 AFC 行业最初的开拓者之一。

面对国内AFC国产化日益响亮的呼吁声，时任南京市副市长、主要负责招商引资的戴永宁一直在锲而不舍地寻找机遇。由于当时国内 AFC 系统市场大多采用国外产的设备，他深谙如果此时贸然全部国产化，风险大且不现实，于是他选择了稳妥的折中办法：中外合资，组成联合体。以合资公司的形式投标，直接带动国内企业在实践中成长，用国外的技术和资本作为跳板，为国产化的发展蓄力。

泰雷兹是一个技术和资本都十分强大的集团，主要涉足国防、航空及信息服务三大支柱产业，是欧洲最大的电子防务解决方案提供商。而泰雷兹的子公司电子交易 CGA 公司，是世界少数几家可以提供轨道交通自动售检票系统关键技术——非接触式智能卡解决方案的公司，在全球安装了 1400 个地铁站内系统及 30 多条高速公路自动收费系统。

如日中天的泰雷兹看上了中国这片前景光明的增量市场，并选定了南京地铁 1 号线 AFC 系统作为 CGA 在中国的首个项目；而作为南京本土企业的熊猫信息也早在 2000 年就开始聚焦关注中国城市轨道交通建设的动态，寻找进入 AFC 行业的切入点，做好了“吃最大螃蟹”的准备。

2002 年，刚踏入新行业的熊猫信息得到了陈凤敏等业界专家的关怀指导和大力支持，通过组织技术人员去上海地铁站参观学习 AFC 系统，熊猫信息加深了对于行业的理解和认知，并且做好了迈好、迈稳第一步的充足准备。因此在戴永宁副市长的“牵线搭桥”下，法国的泰雷兹和南京的熊猫信息一拍即合，以联合体形式投标，其中泰雷兹出资占比 60%，熊猫信息出资占比 40%，共同开拓 AFC 系统的中国市场。

此时中国能采用 AFC 系统的城市寥寥无几。南京地铁公司和 AFC 行业资深专家组以独到的眼光，敏锐地觉察到 AFC 系统在轨道交通运营管理和安全保障中的重要作用，决定率先在南京地铁 1、2 号线引进国外先进的非接触式票卡技术的 AFC 系统，并同步开展国产化的研究、探索与实践。

2002 年 2 月，熊猫信息和泰雷兹正式达成了合作意向备忘录，由熊猫信息负责硬件供应、设备装配和工程现场安装调试；而泰雷兹作为 AFC 关键设备的供应商，主要负责整个系统构架的设计及设备嵌入式软件的设计和开发，同时泰雷兹也延续了公司传统的“传帮带”制度——对熊猫信息进行指导培训，通过以老带新传授经验，极大地降低了工程的风险。

2002 年 6 月 19 日，南京地铁 1 号线 AFC 项目标书正式发布。2003 年 3 月 18 日，熊猫信息和泰雷兹联合体一举拿下了这个近 1.6 亿元的项目。南京地铁 1 号线作为泰雷兹熊猫联合体的首秀，对于后续双方的合作发展有着至关重要的影响。其中熊猫信息主要负责自动售票机外观的设计和最终的硬件生产，泰雷兹主要提供系统、软件、设计图纸、物料清单等关键技术，并帮助熊猫信息运用所学完成后续的设备生产。

由于南京地铁 1 号线后半段在地面上，而南京冬季露天温度低到−10° C，夏季最高则高达 35° C 以上，严苛的环境要求技术必须过硬。现成的设备现在却必须重新设计调整，并一一进行安全性、环境可靠性和电磁兼容性的试验。

南京熊猫信息扩充了信息城市交通技术开发中心项目部人员，一方面与法方进行技术交流，与地铁方进行需求沟通；另一方面完成进口设备及元器件的检验和通关流程，并把“3 日滚动工作计划”传真至相关单位，以便他们同步做好工作安排。在现场施工过程中，项目部成员们兢兢业业，协调了设备生产过程中出现的许多技术和非技术因素，攻克了一个又一个难题。

2004 年 2 月 24 日，经过九个月的刻苦攻关，由南京熊猫信息与法国泰雷兹公司合作承接的南京地铁 1 号线 AFC 系统工程取得了突破性进展，通过引进、消化、吸收国外先进技术，不仅公布了整体设计方案，而且由熊猫信息技术人员自制的售票机样机也进入测试阶段。随着南京地铁 1 号线投入运营的日子一天天临近，很多技术人员为赶进度，主动放弃了节假日的休息，忘我地工作在工程第一线。

2005 年 9 月，南京地铁 1 号线正式投入商业运营，这是南京市轨道交通网络规划建设的第一条线路，南京也因此成为中国第 6 个、世界上第 136 个拥有地铁的城市。南京地铁 1 号线的 AFC 系统于 2002 年开始筹划，2005 年 9 月线路同期开始试运营。

南京地铁 1 号线承接了上海地铁 1、2 号线的愿景，将地铁票和公交卡信息互通，让南京市民收获了“手持一卡，通行无阻”的出行体验；同时，有了泰雷兹 AFC 系统的技术加持，泰雷兹参建的南京地铁 1 号线 AFC 系统更为完整复杂，不再是单一的 AFC 设备，而是包括了众多自动化设备的完整体系，从清分中心软件、后台运行的线路中心软件、操作室的车站中心软件，到终端用户使用的设备软件，组成了一整套流畅完整的新生代 AFC 系统。

南京市民出行只需要带一张 IC 卡，轻轻贴近感应区，“滴”的一声后，闸机门迅速打开，即可有序通过。整个过程不到 3 秒，原本缓慢又乱哄哄的人工检票时代就此画上了句号。

南京地铁公司项目负责人骄傲地说：“南京地铁 1 号线因为 AFC 系统的全面接入，极大地提高了客流容量，目前最大的日客流容量已经达到 150 万人次，覆盖了南京主城区近三分之一的人口。”这套成功的 AFC 系统为不久后实现“绿色青奥”“科技青奥”战略和推进“科学化南京”建设提供了极大的支持。

这套系统不仅是国内最早的 IC 卡 AFC 系统，同时也是全国第一个真正意义上的城市一卡通系统，被港铁轨道交通（深圳）有限公司（第三方）评价为国内最为稳定的 AFC 系统。

创始人袁鑫入职泰雷兹熊猫

南京地铁 1 号线的首战告捷成功打出了泰雷兹熊猫的名片，泰雷兹熊猫乘胜追击，紧接着又承接了北京地铁 1 号线、2 号线和八通线 AFC 系统改造项目。泰雷兹熊猫任命原隶属熊猫集团的夏德传先生作为泰雷兹熊猫的副总经理，全面负责北京项目的推进以及人才招纳。

机缘巧合，在成都举办的首届西部博览会上，袁鑫第一次见到了泰雷兹熊猫这个名字，第一次听说了“夏德传”这个人，并且和夏德传相谈甚欢。袁鑫当时没有想到的是，几年之后，他和泰雷兹熊猫、夏德传会有更多的交集和更深的交情。

由于窦念守先生的猝然离世，华士电子的业务不得不仓促地移交给了并不精通业务的职业经理人。本就处在技术升级关键期的华士电子遭遇了严重的内忧外患——内部存在着大量亏损的业务和因闲置不断折旧的设备，外部则存在着资源匮乏和订单不足的窘境。

困境之中的华士电子管理层采用了最简单粗暴的解决办法——砍掉部门、削减预算、批量裁员。这种扬汤止沸的做法让“群龙无首”的华士电子雪上加霜。业务重心的调整和内部组织架构的变动，使得袁鑫在华士电子的位置沦为鸡肋，无端的批量裁员又让袁鑫所在部门的员工寥寥无几。此时恰好袁鑫与华士电子签订的劳务合同即将到期，不想继续这样和华士一起颓废下去的袁鑫，打算另谋出路。

2006年，袁鑫从华士电子辞职，加入了泰雷兹熊猫；而后一年，王建强也辞职加入，王袁两人在泰雷兹熊猫再次相遇——真是机缘巧合，当袁鑫偶然点开招聘网站时，网站上蹦出的第一家发布招聘信息的就是泰雷兹熊猫，他们正在寻求硬件工程师，为北京地铁1、2号线和八通线AFC系统项目招纳贤才。袁鑫认真阅读这条招聘信息之后，便隐隐确定了之后的事业规划。

当初袁鑫被华士电子录用时，很多同学都羡慕他。但他始终能够居安思危，保持清醒。他深知能够入职如日中天的华士电子，确实比很多同学的待遇好，可如果因此而沾沾自喜，只会落得被淘汰的下场。他一直警醒告诫自己：只有不断坚持学习，不断增强个人能力和行业经验，才能在未来的机遇和挑战面前游刃有余。所以，无论工作多么繁忙，袁鑫回到宿舍后都会坚持背几页英语单词、练习口语和听力，并且不断关注国际同行业的研究成果和相关资讯。

2006年8月，具备较高英文水平和扎实专业素养的袁鑫顺利通过了泰雷兹熊猫的招聘面试，并进入了最为关键的技术部。虽然当时的技术部由于前期的积累相关工作已经相对明晰，但是袁鑫并没有止步不前，而是认真观察，积极思考，最终一纸报告呈上，直接向项目经理指出了直属上司和目前运营的一些问题。报告得到了领导层的重视，袁鑫也受到了赏识，逐渐挑起大梁，接手了协调法国和上海、南京的任务。

在这一过程中，袁鑫有幸遇上了他后来的师傅米歇尔。米歇尔是一个“慈眉善目”的老人，自而立之年就踏进了AFC行业，几十年的职业生涯里，他见惯了风起云涌的商场，也曾深入技术工作的一线，因此他对整个行业的认知较一般从业人员要深刻得多。米歇尔欣赏袁鑫身上不懈的韧性和强烈的求知欲，从心里默默认定了袁鑫。

凭借之前在华士电子工作积累的经验，起初袁鑫还觉得游刃有余，但是随着对专业知识理解的深入，他逐渐觉得力不从心。因为过多专注于现有的设备和理论，而无法攻克一些更高阶的难题，严重影响着后续的成长。经过深思熟虑，袁鑫决定打破“天花板”，出国实地实习，吸取国外先进的知识和经验。在国外的生活忙碌而充实，他白天在工厂里实习观摩，晚上就在宿舍里安静地复盘和思考、总结，把可以借鉴的技术点详细地记录下来。在国外培训短短一个多月之后，袁鑫便成功地从初生牛犊的 AFC 新手进阶成有扎实技术理论支撑的“高手”。

2006 年年初，北京地铁 1 号线、2 号线和八通线改造项目正式启动，它们连接着大部分行政区域。北京轨道交通 AFC 设备及系统的焕新升级，不仅事关广大北京市民的日常出行，也承担了为 2008 年北京奥运会提供后勤保障的重任。泰雷兹熊猫团队，除了承担高效圆满完成改造任务的压力之外，还肩负着一份沉甸甸的社会责任。

北京地铁 1 号线、2 号线属于加装项目，即在已经开通运营的线路上增加 AFC 系统和设备。考虑到政府不可能为了安装 AFC 设备而停运地铁，因此所有改造施工必须都要在正常运行的情况下进行，直接在客运交通的车站站厅内实施改造，这对确保运营安全及文明施工管理提出了更高的要求。

通常在施工前一天晚上，袁鑫和他的团队伙伴们就必须事先制定详细的安装计划，保证第二天施工的高效进行。每天天刚蒙蒙亮，就有团队伙伴早早来到站点，紧锣密鼓地考察现场。白天在地铁正常运营时排查故障、试验系统，现场出现一个问题就解决掉一个问题；到了深夜，当地铁停运之后，团队伙伴又带着施工队继续紧张有序地安装售检票机。袁鑫带领他的团队与北京地铁公司的员工们协同配合，从前端到后台，从自动检票机到自动售票机、人工售票机，逐个升级测试，排查问题，最终在预定的时间里圆满完成了任务。

在参与项目改造的人员中，陈位就是一名非常突出的优秀人才。因其扎实的专业知识和爽朗的性格，大家都亲切地称呼他为“位哥”。他自 2006 年加盟泰雷兹熊猫，一直负责的是与地铁 AFC 领域平行的另一业务——公交车读卡器的设计。但是因为北京地铁 1 号线、2 号线和八通线改造项目的任务重、时间紧，是一场需要团队全员全力以赴的艰苦战役，往日满满当当的办公区域空旷而安静，几乎所有技术人员都被派到了现场。他自然也跟着米歇尔到了现场，负责票箱的研发。

因为八通线是一块很大的“奶酪”，广电运通也想从中分一杯羹。于是广电运通将他们设计的票箱也拿到了现场。陈位很快就指出了广电运通票箱的几处“硬伤”：一是内部的箱锁太多，为了保证安全足足用了三把锁，既不符合规范也有违常识；二是箱盒的强度不过关，陈位将样机票箱往地下一摔，票箱就扭曲变形了。陈位在指出广电运通票箱不足的同时，也对自己的票箱升级创新，力争无懈可击。

泰雷兹熊猫的主要业务方向之一是检票机内部的软硬件技术，因此公司决定把检票机的机箱设计外包给南京理工大学的合作实验室。考虑到人流量、安全性等方面，南理工设计的这款检票机非常具有特色，整体色调灰绿相间，同时也因其顶端凸起的一段护栏和成下抛物线的曲面，而被大家戏称为"姚明的手提包"。（图 2-2）当时的总经理安东尼·卡布 (Anthony Cable) 认为，原先的下抛物线曲面显得太过于死板，因此设计师将端盖上方改造出了一条流动的曲线，所谓的法式浪漫就在这个作品中展现得淋漓尽致。这样一来，原本光滑的弧面就变成了犹如浪花般的起伏曲面。这个改动虽然对检票机整体性能不会有更好的提升，但是也彰显了泰雷兹熊猫对细节的考究和重视。

大家每天都要呆在狭窄的调试现场，技术的调试工作既费时费力又不可掉以轻心，可大家还是相互打趣。这种苦中作乐的态度滋养了整个团队的战斗力和凝聚力。陈位笑着说："整个核心团队的工作氛围非常好，大多人都是自愿加班，当然，关键的一点是离不开袁鑫非同寻常的统筹能力和领导魅力。"

北京地铁 1 号线、2 号线和八通线是北京最老的 3 条轨道交通线，伴随 2008 年北京奥运会的到来，这几条线路的客流量已经非常大。车站老、站厅狭小、设施设备破旧、线路老化等各种问题都亟待优化升级。为了赶工期，当时很多不同专业的改造工程都是同步施工的，包括交通信号升级、空调换新、PIS 等，不同专业的工程队都是等晚上 11 点地铁停止运营后进场施工，早上恢复正常运营前停工，所以袁鑫的团队作息时间也长期是昼夜颠倒的。

图 2-2 闸机效果图

事关奥运年的首都形象，泰雷兹

熊猫对这个项目高度重视，可以说是不惜一切代价。

除新加坡人 Kenneth Yeap 担任项目经理外，法国泰雷兹总部还委派了一个现场施工经理，另外又从印度、马来西亚等地调来一个团队专门负责后期调试。这个项目是北控电信、泰雷兹熊猫和 LG 的联合体，项目组织非常复杂。软件是第一次由泰雷兹（上海）交通系统有限公司（以下简称“泰雷兹 TST”）的中国团队来实施，硬件也是第一次由中国团队参与设计和生产。可想而知，协同配合的复杂性和管理难度超乎想象。从产品批量出货开始，袁鑫团队就被派到北京去了，主要负责安装督导、设备上电、硬件调试和软件部署后的功能调试。当时离限定完工的时间已经不到 5 个月，但是整个项目还要经历安装、上电调试、软件部署调试、系统联调联试、压力测试和开通前系统验收测试以及开通保障等多个阶段。

让袁鑫最为印象深刻的是，第一阶段安装调试结束后，还要经历系统功能测试，大规模的压力测试实战演练和各条线路的互联互通测试。每天测试结束通常是凌晨 5 点左右了，还要把汇总过来的问题一一和地铁业主方梳理盘点一遍，问题存在的原因是什么？短期对策和长期对策是什么？后续改进计划是什么？计划准备怎么实施？诸如此类，林林总总，疲于应付。

这样的日子整整延续了两个月，当时袁鑫的妻子预产期已近了，袁鑫请假回家陪护，公司希望他能够克服困难，孩子顺利出生后就立即返回项目。结果袁鑫的老婆难产，足足耽误了五天时间。这五天里，现场打来的求援电话不绝。袁鑫难舍剖腹产后虚弱的妻子和襁褓中的孩子，但是肩负的使命让他来不及犹豫。陪妻子出院的当天，他坐了最早航班赶往北京。把行李放在一边，他就拿起工具上场，随着他轻松搞定一台又一台闸机，同事们终于如释重负。

在执行这个项目的过程中，袁鑫逐渐结识了曹东平、陈位等人，大家因为志趣相投而成为很好的朋友，不仅在工作中配合默契，空闲时也一起玩乐。以袁鑫为主心骨的技术团队有条不紊地逐个消灭项目过程中的问题，拥有强大的向心力。这也是后来吸引陈位自愿放弃高薪工作加入雷格特的重要原因。

北京地铁 1 号线、2 号线、八通线进行到后期，马上就要进入实质性的批量生产阶段，对于每一台样机的确认、生产、检测都不能马虎。袁鑫、曹东平等人在北京一呆就是 7 个月，技术团队吃住在现场，从白天到晚上，通宵达旦，加班加点，为可能出现的失误不断演算、寻求突破。每天工作十几个小时也已成家常便饭，有时直接在项目现场打个盹儿，凑合一顿方便面，继续再干。大家朝着一个目标咬紧牙关、奋力前进，偶尔处于崩溃边缘，就一起出去喝酒放松，相互打气鼓劲。这支队伍愈发强大了。

北京八通线 AFC 设备的成功安装（图 2-3），不仅进一步提升了泰雷兹熊猫在行业中的地位和形象，同时也为锻造一支组织精密、纪律严明、技术精湛的施工团队提供了平台。自 2007 年 4 月开工以来，经过全体人员的不懈努力，八通线地铁站项目部的各项工程进度始终走在北京地铁同类工程的前列。业主在对样板站审核之后，对泰雷兹熊猫高度赞扬：“北京地铁八通线 AFC 工期、质量、安全都让我们放心。”

图 2-3 北京八通线闸机现场照片

创始人王建强与袁鑫再次“重逢”

2007 年年初，华士电子被南京十四所收购，王建强的劳动合同恰巧到期。抱着对广阔事业平台的向往和期待，他也动了走出去看一看的念头，打算离开华士电子，寻找新的发展方向。

递交了辞呈之后，王建强首先想到的就是袁鑫。在袁鑫的大力建议下，王建强也想去如日中天的泰雷兹熊猫开创一番事业。凡事预则立，不预则废，王建强在面试前也做了充分的准备。由于他的英文基础不是特别好，又是英文面试，王建强就突击复习，将 AFC 的相关术语、泰雷兹熊猫的背景情况和自己简历上的英文资料背得滚瓜烂熟。由于是应聘投标岗位，王建强面试时还带了之前在华士电子工作的英文投标资料。

当时担任王建强面试官的就是夏德传，以及后来成为王建强直接上司的帕特立克（Patrick Bennoist）。当时的泰雷兹熊猫业务刚刚进入快速发展期，对于国内招投标的相关工作经验还不充足，对王建强这样拥有丰富招投标经验的人才很是重视。帕特立克对王建强的面试表现非常满意，当场就表达了自己的赞许："你丰富的工作经验和专业敬业的工作态度就是我们需要的！"但是当时的泰雷兹和熊猫信息两家公司还处于磨合期，没有确认岗位和相关预算，这个岗位是外招还是直接从熊猫信息调人当时还是未知数。所以，王建强虽然提前一个多月就通过了面试，但直到2007年3月底，才正式入职泰雷兹熊猫。

就这样，王建强终于入职了泰雷兹熊猫（图2-4），也和袁鑫小别重逢。当时泰雷兹熊猫坐落在南京市长江路的德基大厦。每每回忆起初始入职泰雷兹熊猫的日子，王建强的脑海里总是浮现出袁鑫意气风发的笑脸和长江路上茂盛而郁郁葱葱的法国梧桐树，温柔的春风里，世间万物都流动着鲜艳生动的色彩。

图 2-4　王建强在泰雷兹熊猫

入职之后的王建强又见到了他的直接上司帕特立克，这个法国人负责泰雷兹在亚太地区的AFC投标支持。王建强在面试时的表现让帕特立克感到惊喜，所以他对待王建强甚是热情和关照，不辞辛苦地带着王建强熟悉了AFC设备的运行状况，也让王建强在泰雷兹熊猫收获了如家般的温暖。

王建强初始入职泰雷兹熊猫时是颇为年少轻狂和书生意气的，他在面试泰雷兹熊猫时，就很自信地提出了期望个人的薪酬能和绩效挂钩，因为他对自己的专业能力满怀信心，也理所当然地认为能力出众者多劳多得天经地义。但由于泰雷兹熊猫的总经理是法国人，法国是没有绩效工资这一说法的，一般就是年底多发一个月的工资作为年终双薪奖励。人事部经理吴荻将王建强的想法反馈给总经理卡布，卡布虽没有回应，但也一直将这件事挂念在心里。

后来，卡布在电梯里偶遇王建强，便跟他聊起薪酬制度的问题。卡布首先表达了自己对绩效制度和相关激励意义的认可，同时也表达了他作为公司总经理的顾虑。在法方看来，薪酬工资对于那些能力强的人固然是一种激励和帮助，但是公司更多的是普通劳动者，如果只是片面的以绩效制度奖励少数的先进，那么大多数普通员工的积极性也会因此降低，容易拉低这个公司的业务水平。卡布诚恳的谈话也影响了王建强后来在雷格特制定的薪酬奖励和工资制度。

逐渐地，有着毛头小子般闯劲儿的王建强也在泰雷兹熊猫沉静了下来，他开始和袁鑫一样潜心深入了解并主动地探索AFC这个行业，慢慢储备积累自己的专业实力和行业经验。

2007年，泰雷兹熊猫先后独立中标深圳地铁4号线（与深圳黎明公司联合体中标）、南京地铁 2 号线以及 1 号线南延线，发展前景一片光明。

其中南京地铁 1 号线南延线是一个 PPP 项目，需要 AFC 集成商提前将方案提交给总包方，纳入投标文件中。这份工作落在了刚入职泰雷兹熊猫不久的王建强身上。标书中涉及设计、涉及联络、关于系统和设备的方案及备品备件供应保障等方面，需要和许多合作商提前商量洽谈。

泰雷兹熊猫作为一家合资公司，其最大的软件供应商就是泰雷兹 TST，这是是泰雷兹的全资子公司。在刚入职不熟悉业务的情况下，短期内完成一项复杂的投标方案是需要众多同事的协助和支持的，但对于王建强来说，相关人员认不全也对不上号，而同事们每天需要回复的邮件也非常多，王建强的邮件常常会被忽略。这些邮件有些是要抄送给夏德传的，于是夏德传就回复邮件：Jason（王建强的英文名）刚刚加入泰雷兹熊猫，时间紧任务重，希望同事们要多多支持他。王建强看到这些邮件后很是感动，莫名的紧张感和压力也随之烟消云散。

不久之后同事把相关文件发给了王建强。在拿到多达几个 G 的海量电子文件之后，王建强昼夜不停地工作，他始终保持着高亢的精神状态，运用在华士电子累积的经验，只用了不到一个星期时间就高质量完成了项目方案草稿，其中包含了关键设备构成、性能指标、环境安全分析和突发事件应急处理等，细致入微，并将工程不同阶段的工作任务层层分解和说明。这份方案经过内部优化之后，最终给总包方交上了一份完整严谨的方案，并顺利提交给了业主。

南京地铁 1 号线南延线顺应了城市发展的趋势，由于南京地铁线路逐渐增多，南京市要将各条线路汇入完整的城市线路图之中，实现更加方便快捷的换乘。AFC 系统要在整个线网同等条件下运行，南京地铁 1 号线 AFC 系统就必须做相应的升级改造。

这对原有的 AFC 系统是个不小的挑战，将原来采用的单一线路从起点到终点的单程票，转化为乘客在地铁内部还可以任意切换线路实现城市交通互通的转换模式。因此票卡的数据结构、交易数据格式、安全密钥、票务处理、运营参数、系统监控等都必须做相应的修改，还要能保证此改造工程在同一个运营的系统上开展，确保服务的持续与稳定。

自 2007 年 5 月公司中标该项目以来，根据实地情况，泰雷兹熊猫拟制了成熟的系统迁移方案，并依据南京地铁 AFC 系统技术规范，顺利地对系统进行了升级设计。

2009 年 6 月份，南京地铁 1 号线南延线进入任务攻坚阶段。在改造过程中，曹东平作为电气相关的集成工程师，常常吃住在现场，现场密切跟踪 AFC 系统的清分中心的运行状态，每天工作十几个小时是常事。南京熊猫机电仪技术有限公司和南京熊猫机电制造有限公司（以下简称“机电制造公司”）作为南京熊猫信息集团下的主力军，承接该项生产任务。面对紧张的时间和庞大的设备数量要求，两家企业迎难而上，提出了“精心组织，精细工作，大干 180 天，圆满完成南京地铁专用设备装配”的口号，在机电制造公司的生产车间的员工们干劲十足，日日夜夜地高效工作，有条不紊地进行冲压、装配，积极迎接即将到来的生产高峰。

泰雷兹熊猫根据业主需要，对南京地铁轨道交通票卡处理智能终端（简称“读写器”）进行升级改造，在读写器软件上采用票卡交易内嵌式设计方案，将票卡密钥处理、业主发布的票卡结构、票务规则等集成于读写器内部。这个创新的设计弥补了传统模式处理的缺陷，有效地保护了轨道交通业主的核心数据安全。该设计方案攻克了多项关键技术，也成为国内很多轨道交通设备的标准读写器采用方案。

2009 年年初，南京地铁 1 号线南延线顺利地实现了新旧 AFC 系统的迁移和整体升级，泰雷兹熊猫为之作出了自己的贡献。南京 1 号线正线及南延线 AFC 系统改扩建工程也成为对已有 AFC 系统升级改造的经典范例。

泰雷兹熊猫黄金时代的谢幕

2008 年，北京奥运会开幕。这一年，也是中国 AFC 国产化爆发的元年。拥有 38 年历史的地铁纸质车票就此结束了历史使命，中国正式启动轨道交通自动售检票系统在现有线路上全方面的应用，同时在全国陆续开通了 5 条轨道交通线路，AFC 系统开始全面普及。

2008 年，中国开启了智能交通新时代。6 月 9 日，北京城市轨道交通路网 AFC 系统投入使用，实现了真正意义上的“一卡通行，一票通行”和无障碍换乘。各个城市纷纷进行 AFC 设备的招标，大量的系统集成商通过招标联合体的方式获取了业绩，开始涌入这个行业。2008 年，全国仅发出了重庆地铁 3 号线一个标，前来参与投标的，共有十一家集成商。企业为求生存，将重点转移到订单的数量上，只注重短平快，出现了因急功求利而不注重长期效益，选择用价格来“血拼”的行业不良发展态势。表面上行业产能增加，成本在降低，但实际上往往是低档材料或者劣质替代品大行其道，随之降低的也是 AFC 系统的品质和性能。毫无疑问，恶意压价对市场竞争是致命的。AFC 行业呈现出僧多粥少的局面。在这种无序的竞争状态下，泰雷兹熊猫遭遇了滑铁卢。

在行业进入恶性竞争以前，泰雷兹熊猫一直保持着稳健的快速发展，在重庆地铁 3 号线的投标过程中，泰雷兹熊猫延续了一贯的联合体方式，和重庆金美通信有限责任公司（以下简称“金美”）合作，组成了泰雷兹熊猫 - 金美联合体。

王建强深知这个项目的重要性，因此他在重庆呆了近三个月，事事处处亲力亲为，严加把关。投标书的编写内容繁杂，数据繁多，耗时耗力，从项目计划、技术方案、到中标的具体样机设计，都需要很细致的参数准备和流程安排。而且招投标文件是招标管理部门实施监督的重要依据，对于数据和相关参数的准确性，丝毫不能马虎。

在开标大会前一天的深夜，王建强还在对标书进行最后的修改和完善。在一次确认价格时，因为 Excel 的系统崩溃，成千上万的数据突然出现乱码，王建强脑子“轰”的一声，瘫坐在椅子上。

连日的辛劳苦闷在一瞬间爆发出来，王建强一直盯着电脑，手在猛烈颤抖，深呼吸了好几次才让满心的懊恼和痛苦缓和一点。一小时、两小时…… 四个小时之后，王建强耗尽了全力，但是文件依然没有完全复原。招标文件的编写质量直接关系到招标工作的准确性、效率乃至整个评标结果，标书数据的错乱俨然直接给这次投标下达了“死亡宣判书”。

宾馆外面下着瓢泼的大雨，宾馆里的三个人也是面色凝重。一起合作的潘永和 Peter 急得在房间里不停来回踱步绕圈圈，十分焦虑地说："Jason，你要抓大放小，先把总价梳理确认出来，不然我们的标就投不出去了！"金美公司的合作人徐涛还是比较能沉得住气，他积极协助王建强整理数据。时间一分一秒都在流逝，黎明之前，大家终于恢复了这份"失而复得"的标书，但是对于这份标书的命运心里依然没底。

投标截止那天，王建强一行人开着车在马路上疾驰，鲜红的车灯在雨中不停闪烁，一如王建强焦灼不安的内心。终于到了招标公司门口，车还没停稳，王建强就抱着招标文件冲进雨幕之中，赶在了投标规定的时间前送达标书。承载着众人希望的标书，仿佛有万斤重，提交的那一刻，王建强深深地吸了一口气，而后又绷紧了起来，因为他知道真正的战役才刚刚开始。

开标会议室里众人面色严肃，在寂静到压抑的氛围中，招标正式开始。招标人首先开了其他几个公司的报价，华腾（当时未更名为中软华腾）的报价比王建强的预计的只略微低了一些。王建强心想："华腾的价格都开得这么高，之后的公司可能会更高。"可是结果却出乎意料，后来的公司开标一个比一个低，深圳市现代计算机有限公司（以下简称"深圳现代"）的开标总价格也很低。因为与预估价格相差太大，这一次，泰雷兹熊猫在投标中彻底败下阵来。之前在南京地铁 1 号线、北京八通线等项目，一个车站的 AFC 设备标价就能达到 600 万～ 800 万元，相对较高的盈利水平也使泰雷兹熊猫有了研究技术的实力和发展的空间。但在重庆地铁 3 号线这个项目上，即使泰雷兹熊猫做出了最大的让步，投标价也达到了 1 个车站 550 万元左右，而最终成功中标的厂家 1 个车站仅仅为 400 万元。

投标结束后，其他公司的代表逐渐离场，只剩下王建强一行人还心情沉重地坐在座位上，大雨依然在继续。好不容易等到了计程车，但是雨水已经淋湿了肩头渗到了衣服里，给王建强他们带来的是全身的寒意。

大家在车里分析了这次投标失败的原因——同类产品价格的整体大幅突然下降导致泰雷兹熊猫的产品丧失了竞争力。这是一个惨痛的教训，同时也是一个宝贵的经验，让日后的金美和雷格特都能从这件事情中汲取经验，警醒自己。

就这样，泰雷兹熊猫遗憾错失了一个原本志在必得的项目。这一关键标的的丢失也成为后来泰雷兹熊猫黄金时代终结并最终走向解体的导火索。不过经此一役，王建强意外地和金美建立了患难与共的“革命友情”。纵使日后，泰雷兹熊猫不复存在，但王建强与金美的合作和信赖却一直延续了下来，在雷格特成立后，和金美也一直保持着业务往来。

自 2004 年 12 月 28 日，第一个完全由国内集成商完成的地铁 AFC 系统线路在深圳地铁开通以来，中国地铁 AFC 系统应用软件、系统集成和终端设备依赖进口的局面逐渐改变，实现了对国外先进技术的有效移植，对行业领域的技术进步及业务发展起到了积极的推动作用。外企在中国 AFC 行业的占比开始日渐减少，技术优势和成本优势也逐渐丧失，一些外企无奈退出。泰雷兹熊猫作为中外联合体，尚可以在中国 AFC 行业里分一杯羹，但是中方和法方之间的合作关系已有了裂痕。

在重庆地铁 3 号线投标失败后，泰雷兹熊猫如日中天的黄金时代似乎也画上了句号。当时市场价大幅下滑，而泰雷兹熊猫的成本价无法在短时间压缩，难以应对市场变化。根据市场部的理性预估和综合分析，2009 年泰雷兹熊猫拿到新订单的可能性几乎为零。2009 年年中，泰雷兹总部负责中国市场的董事长法国人 Serge Bertrand 来到了南京泰雷兹熊猫，针对公司面临的严峻局面，召开了一次中层会议，他决定大规模裁员，将原有的 60 多名员工裁掉了一半。彼时的泰雷兹熊猫内部也产生了股东间的分裂和矛盾。泰雷兹单独以法国泰雷兹的名义在南京理工大学附近的南京白下高新技术产业园区成立了一家实验室，以袁鑫为首的技术团队基本都在这家实验室里工作，远离了泰雷兹熊猫。而泰雷兹中国集成中心商务副总裁辛文龙对合作方熊猫也开始渐生嫌隙，于是这两家公司的关系开始日益恶化。

与其坐以待毙，不如自寻出路。王建强不想轻易放弃泰雷兹熊猫，也不想让自己多年在行业的耕耘和努力付诸东流。于是，基于行业发展的现状，王建强诞生了将这家大型合资公司转变成专业设备生产商的想法，以便在细分领域重新获得立锥之地和技术竞争力。这其实就是后来雷格特的诞生理由和行业定位。王建强既是这么规划的，也一直在不遗余力地朝着这个方向努力。

2009 年上半年，泰雷兹熊猫继续尝试了投标，希望能够翻转被动的发展形势。当年全国总共发出了十几个标，分别是北京 6 条线和天津 2 条线，西安、沈阳、杭州和苏州各 1 条等。在这十余个项目中，泰雷兹熊猫单独参与投标的一个项目都没有中，唯独和北控电信的联合体投标中了一个。反观当时的方正国际有了北京地铁 5 号线的业绩后，开始独立投标，由于很好地结合了本地强大的系统集成优势和国际专业生产厂商的经验，在这场战役中赢得盆满钵满，方正国际一共中标了四条线，分别是沈阳地铁 1 号线、西安地铁 1 号线、北京亦庄线和天津地铁 2 号线。

虽然方正国际中了集成标，但是缺乏上游的设备厂家给方正做设备。王建强就通过泰雷兹北京项目经理戴笑涛的引荐，认识了方正国际当时的 AFC 业务负责人刘军。

2009 年 9 月底，王建强和泰雷兹熊猫的总经理伯纳德（Bernard）一起拜访了刘军。见面之后，王建强强调了一个核心观点："泰雷兹熊猫是泰雷兹熊猫，泰雷兹是泰雷兹，这两家公司不一样。泰雷兹是做集成的，但是我们泰雷兹熊猫可以往专业设备商的方向去发展，方正中标的 4 个项目需要大批量的专业设备，我们泰雷兹熊猫可以做。"

刘军经过深思熟虑，认为这是一个双赢的方案，他选择接受王建强的提议。于是王建强很兴奋地回到泰雷兹熊猫，准备给方正国际报价。可惜当时的泰雷兹熊猫已经是内忧外患风雨飘摇，对泰雷兹熊猫联合体的运营也不再上心。

王建强心里憋着一股气，他向公司管理层反复强调："这是能够挽救泰雷兹熊猫的唯一方法。"为了达成和方正国际的合作，挽救公司于生死存亡的危难之中，王建强常常一个人奋战到深夜，困了就趴在办公桌上小憩一会，饿了就随便吃些面包充饥。

个人的力量毕竟是单薄的，单凭王建强一个人的力量已经难以将这个处于分裂边缘的帝国再次融合起来，合资公司的弊端在这个时候体现得淋漓尽致——内部体系的复杂繁冗、中法双方对出资出力的逃避，同时法国泰雷兹的系统报价又太高，法方代表也不同意削减成本……一个个难以逾越的鸿沟，让王建强的努力变得如螳臂当车，见效甚微。

虽然王建强还是坚持去跟刘军洽谈，希望会有奇迹发生，但是商业就是利益至上，价格始终难以达成统一，泰雷兹熊猫从一开始就丧失了竞争的优势。泰雷兹熊猫和方正国际的合作最终也只能不了了之。

泰雷兹熊猫失去了最后的机会，伴随在整个 AFC 市场份额的不断下滑，泰雷兹熊猫失去了生机和活力，本应唇齿相依的合资公司加速分崩离析，公司上下人心惶惶，开始各谋出路。

王建强无疑是沮丧又失望的，只好也开始四处投递简历，另寻出路。在那个对人才如饥似渴的年代，找份薪酬福利优厚的工作对于行业经验丰富的王建强来说并不难，但他始终有些不舍。他的心里一直彻响着一个疑问：从一个公司到另一个公司，在可以看到天花板的岗位上忙碌一生，真的是我的人生价值所在吗？

“雷格特”诞生机遇乍现

“上帝关上了一扇门，就会为你打开一扇窗。”有时候，机会就在柳暗花明的拐角处，就在山穷水尽最不可能的下一秒。

正当王建强考虑着从泰雷兹熊猫离职之后的谋生之路时，之前一起负责重庆地铁 3 号线的 Peter 找到了王建强，跟他一起吃了一顿饭。这顿看似不经意的饭局，间接促成了雷格特的诞生。

在吃饭的过程中，王建强提及自主创业的可能性，Peter 说因为重庆地铁 3 号线和金美公司合作，认识了金美公司一些有想法的人。Peter 他们的初始想法是把屏蔽门、综合监控、自动售检票等业务整合在一起，从同方股份有限公司（以下简称“同方”）、金美以及泰雷兹这些公司，挖几个优秀的团队来，从而打造一家创业型的科技公司，以大资本投入，力争 3 至 5 年内做到 IPO 上市，只要王建强愿意，也可加入其中共同开创一番事业。

创业是王建强一直以来的心愿。夜深人静之际，他频频回想在大学里的创业实践，以及在华士电子和泰雷兹熊猫这些年来积累的经验。他觉得 Peter 介绍的情况和关于组建创业型科技公司的提议，正是他期待已久的。像当年在大学里为系里拉赞助时那风风火火充满自信的少年一般，他乐意再一次发挥自己的能量，把行业里志同道合的英雄人物组织起来，逐鹿中国 AFC 的疆场，大干一番事业。雷格特于是也慢慢在这个想法中应运而生。

在华士电子和泰雷兹熊猫工作的数年经历，对于王建强来说是一笔宝贵的财富，同时也为他之后的创办雷格特积累丰富的行业资源奠基了坚实的发展基础——2010 年年初，“苏州雷格特智能设备有限公司”正式成立，乘着中国城市轨道交通这趟飞驰的列车，始终以成为“人行出入口控制的领航者”的定位为发展目标。创始人王建强稳如磐石，招揽昔日的同事好友共同奔赴金戈铁马的创业征程，本就彼此熟稔的团队成员，不需要相互磨合就组成了一只富有凝聚力、战斗力和创新力的中国 AFC 行业铁军。

在完成创业团队的组建后，王建强就迫不及待地带领着团队成员开始了与其他竞争者之间的赛跑——从移动闸机和自动售检票设备的设计到包揽全站的设备制造，从 OEM（代工）

到自主研发，从小型创业团队到新三板潜力股，弹指一挥间已经度过了十年流金岁月。十年磨一剑，出鞘必露锋芒，雷格特的第一个十年可圈可点成就非凡！（图 2-5）

图 2-5 王建强十周年庆典演讲

第3章
素履独愿，勇往直前（2010—2011）

扎根苏州，布局全国。我们不畏风雨，向阳而行。我们未雨绸缪，谋定后动。一步一个铿锵有力的脚印，同心铸就一个金光熠熠的名字——“雷格特人”。

雷格特初创团队顺利召集

有这样一群年轻人，他们身处变革、充满机遇挑战的时代，敢于用专业和学历作资本，敢于用勇气和魄力作底气，冲进中国城市轨道交通 AFC 市场进行“拼杀”，他们心底一直坚信：只要有一颗执着向前、无所畏惧的心，无论到哪里，是金子都会发光的。

在挽救泰雷兹熊猫的努力失败、准备离开公司创业之后，王建强就着手开始组建创业团队。他首先想到的就是自己的好友兼同事袁鑫。袁鑫在 AFC 行业技术岗位里摸爬滚打十余年，积累了丰富成熟的经验。从最初的华士电子到泰雷兹熊猫，王建强和袁鑫一直相伴同行合作数年，不仅相互十分了解并且彼此信赖，袁鑫自然成了王建强创业搭档的不二之选。

袁鑫对于王建强的创业规划非常支持，两人经过商议计划分别召集原有公司的部分同事，再说服一些富有专业能力并且知根知底的好友，联合组成初始的创业团队（图 3-1）。

两人首先找到了在泰雷兹熊猫负责生产管理工作的曹东平。

图 3-1　创业团队合影

当时泰雷兹熊猫订单频繁流失，法国泰雷兹计划拆分业务，退出中国市场。曹东平在接到“创业邀请函”之后，经过慎重考虑，果断加入了雷格特初创团队。曹东平回忆道：“其实也犹豫过，毕竟 35 岁是一道槛。但人生的机遇也不多，难得的是遇见一群志同道合的伙伴，趁着还年轻，不如放手一搏。”巩兆藩、辅金松、陈行湖等人的想法亦是如此，对创业机遇的珍惜和对王建强、袁鑫的信任让他们果敢地选择了加入。

后来，两人又找到了姜霞。当时姜霞在泰雷兹熊猫从事着轻松稳定的工作，而且她已在南京成家，放弃泰雷兹熊猫意味着一切从零开始，无疑要冒着很大的风险。姜霞和丈夫商量，没想到丈夫非常开明且支持，并对她说：“王建强、袁鑫的为人可靠，专业能力强，行业资源丰富，我相信他们一定可以成功！”不久之后的一天晚上，姜霞便和王建强、袁鑫一行人欢聚在公司附近的火锅店里，在觥筹交错中，王建强的创业团队新增了一名得力伙伴。

至此，雷格特初创团队成员顺利集结完毕。梦想和自信点燃了创业的激情，执着和耐心指明前行的方向。王建强回忆道：“创业远比最初想象的要艰难得多。但是因为有了一群志同道合的朋友相互鼓励支持，让我们这些有梦想、敢做敢为的年轻人在创业的路上不再是一个人孤单奋斗。”

创始团队里的每个人都在行业里浸淫多年，在各自的专业领域都拥有较深的资历和丰富的经验。难能可贵的是，大家都真诚相待、彼此又知根知底，相互信赖，愿意携手同心跋涉在未知的创业路上，朝着共同期许的目标奋力前进，风雨同舟，不离不弃。此时，中国城市轨道交通 AFC 行业的这片蕴含无限商机的辽阔蓝海，正召唤并等待着这批满心壮志满怀豪情的创业英雄，去征战惊涛骇浪，去穿越谷底浪尖，奋力书写属于雷格特的传奇故事。

结缘东山精密

在美国硅谷一直流传着“餐巾纸”的故事，讲的是创业者们约投资人在咖啡馆见面，由于手边只有餐巾纸，交谈中创业者就在餐巾纸上涂涂写写，阐述自己的商业模式和创业构想，在简短的对话过程中打动投资方，从而拿到风险投资。2009 年年底，王建强也是这样，通过短短六分钟的对话，便打动了苏州东山精密制造股份有限公司（以下简称“东山精密”）的董事长袁永刚，赢得了雷格特创业起步阶段的第一笔天使投资。

2009 年下半年，在泰雷兹熊猫与方正合作失败后，王建强开始了 Peter 的创业计划。在他和袁鑫的精心组织和招募下，共计七个人的雷格特初创团队召集完毕。大家一起殷切等待着 Peter 的创业计划和资金落地，好去注册公司。王建强多次联系 Peter，结果从国庆节一直等到了 2010 年元旦，依然没有明确进展。王建强开始着急，过完农历年就是求职高峰期了。如果 Peter 那边的创业计划无法落地，初创团队的部分成员就要重新找工作了，大家都要养家糊口拖不起。王建强建议 Peter 先说服投资人投 1000 万元，在南京注册一家公司，等创业计划筹划成熟后，再把这家小公司装进去。这样就算大计划坍塌，这家小公司也可以独立运营起来。

但是王建强一直没有等来 Peter 的答复。情急之下，王建强就去找到了大学同学、南京福卡科贸有限公司（以下简称“南京福卡”）创始人赵浩，将自己的创业计划全盘托出，希望赵浩能帮忙募集 200 万元作为创业启动资金。结果，心直口快的赵浩给热血沸腾的王建强泼了一瓢冷水。赵浩提醒王建强，城市轨道交通 AFC 设备生产是一个大项目，需要大投资更为稳妥，200 万元的资金连创业团队一年的工资都不够。即使他 200 万投给了王建强，对于公司的长期可持续发展来说也是杯水车薪，无以为继。

赵浩不忍心看到老同学垂头丧气，便说，他当时正在和上市公司东山精密谈合作，建议王建强择机把 AFC 系统的闸机设备项目也和东山精密的董事长袁永刚交流一下，试试看能不能争取到更多的投资。

一天，王建强去上海找另外一个同学张明军去寻找机会。张明军听完这个计划，未予置评，只是表示自己一定会给予力所能及的支持。刚好那天从南京来的赵浩与张明军准备先去东山精密的董事长袁永刚洽谈项目合作，然后再回南京，王建强便搭车顺路返回。到苏州后，王建强也跟随两个同学进入东山精密公司的会议室张明军和赵浩向袁永刚汇报项目时，王建强抱着开开眼界和尝试的心态，也随着他们一起走进了原东山精密苏州总部的会议室。（图 3-2）没想到，就是这样一次不经意的尝试，他遇上了创业路上的“贵人”。

赵浩向袁永刚介绍完自己的项目（图 3-3），就趁机将王建强和他的闸机设备项目推荐给了袁永刚。袁永刚饶有兴趣地询问王建强闸机项目的相关详情，王建强于是通过 PPT 讲述的方式向袁永刚详细分享了自己的创业规划。从产品定位到产品的优势和特点，从团队成员的招募到每个人擅长的领域，从闸机成本售价的控制到市场前景的展望……王建强胸有成竹，娓娓道来，他条理清晰的讲述，让袁永刚眼前一亮。

其实袁永刚初见王建强的第一印象并不算好，当天王建强没主动和袁永刚热情打招呼，袁永刚心里想：“这个年轻人看起来酷酷的，不喜欢说话，看上去有点孤傲。”但到王建强讲述创业项目 PPT 的时候（图 3-4），他逻辑的缜密和自信从容的表达让袁永刚不禁刮目相看。作为成功的企业家，他敏锐地意识到王建强是一个值得高看一眼的年轻人。

后来，袁永刚和苏州市发展改革委员会的领导沟通时，主动提起了王建强筹划 AFC 闸机设备项目一事。发改委领导回应道：“这个项目有前途，中国城市轨道交通正在飞速发展，将来所有百万人口以上的大城市都有建地铁的需求。”2010 年的苏州 GDP 生产总值已经突破万亿元，经济发展势头非常迅猛，

图 3-2　三名大学同学共聚东山精密洽谈项目

图 3-3　赵浩向袁永刚介绍项目

图 3-4　王建强向东山精密介绍创业规划

对当时地铁线路里程为零的苏州市场来说，这个 AFC 项目是一个应用前景十分广泛的香饽饽。于是袁永刚对于王建强的创业项目的重视程度由此更上了一层楼。

不久之后，袁永刚便带队前往南京考察 AFC 行业的发展状况，考察结束后他正式决定要给王建强的闸机项目进行投资。袁永刚建议王建强将雷格特的公司设立在苏州东山，这样当时“一穷二白”的雷格特就可以依靠东山精密的制造平台、资金支持和苏州本地资源快速起步。初生的雏鸟需要坚实的庇护，东山精密拥有华东地区数一数二的非标钣金车间，有完善的钣金加工技术和成熟的的供应链，还可以协助雷格特开拓市场。

在跟袁永刚进行深入细致的第二轮沟通之后，王建强带着团队到苏州东山进行了考察，初创团队成员经过商议，一致决定按照袁永刚的建议将雷格特公司创立在苏州东山。

“其实十年以后，再来审视当时东山精密对雷格特的投资，当年的袁总其实是不太理性的。以当时的情况预判，中国 AFC 行业的市场空间也就是三十亿元左右，类似东山精密这样的营收过百亿元的上市公司完全没必要涉足一个这么小的细分市场。但如果当初没有袁总‘不理性’的投资，就不会有如今欣欣向荣朝气蓬勃的雷格特了。”王建强在雷格特新厂竣工启用暨十年周庆典召开之际如此感叹道。

有了上市公司东山精密作为创业初期强有力的支持，迷惘奔走了大半年的王建强终于松了一口气，雷格特终于得以顺利创立。王建强带领着创业团队成员，正式在创业路上扬帆启程。为了共创共享雷格特光明璀璨的未来，他们携手同心，目光坚定，内心坚韧，无惧风雨，一往无前。

厉兵秣马，蹒跚起步

“太湖芦苇密而美，芦花飘飞苇叶黄。”2010 年年初，王建强一行乘坐的汽车从太湖边缓缓驶过，一路上，芦花浪漫，目之所及，处处湖光山色，时时风景旖旎（图 3-5）。

王建强一行人被这太湖之滨的美景惊艳了，对苏州东山这片人杰地灵的土地生出了眷恋和喜爱之情（图 3-6），雷格特初创团队在东山艰苦而甜蜜的创业生涯也就此正式拉开了帷幕。

图 3-5 东山太湖之滨芦苇美景

图 3-6 创业团队欣赏太湖美景

《梵高传》中有这样一段话："生活对我来说就是一次艰难的旅行，但是我又怎么会知道潮水会不会上涨，及至淹没嘴唇，甚至涨得更高？但我将奋斗，我将生活得有价值，我将努力战胜，并赢得生活。"置身在这个"天下熙熙皆为名来，天下攘攘皆为利往"的时代，能够不改质朴初心，始终坚持潜心创业的创业者日渐稀缺。但是王建强和袁鑫一行人，却一直清醒自持、坚守自我，以匠心耕耘和不懈奋斗，赋予了雷格特不一样的创业基因和企业文化，在企业成长的征程上，铭刻出了不一样的创业足迹。

2010 年 2 月 21 日，王建强带着创业团队成员队抵达东山，以东山精密总部大楼的四楼临时腾出的几间空房间作为宿舍，随即他们打车去苏州蠡口家具城紧急购置了床、桌子等简单的生活必需品，并回来自行安装。姜霞回忆道："我们来苏州的时候，每个人都只带了简单的生活用品，连被子都是到了东山才买的。当时我们七个人住在东山精密总部大楼四楼，每人分配一个房间作为单身宿舍，房间号从 401 到 408，我当时住在 404 室。"2 月 26 日，苏州雷格特智能设备有限公司正式挂牌成立；28 日，雷格特拥有了独立的办公区（图 3-7 ～图 3-10）；4 月 27 日，雷格特 A 版闸机制诞生……王建强带领着雷格特创始团队艰辛起步，兢兢业业，胸怀梦想，面朝未来，砥砺前行，雷格特公司终于得以蹒跚起步。

创业伊始，虽然条件艰苦，但是王建强这群豪情满怀的年轻人干劲十足。王建强深知，雷格特想要生存，必须要有自己的技术和市场。所以，雷格特首先需要设计出自己的产品，作为雷格特研发实力和独特价值的凭证。

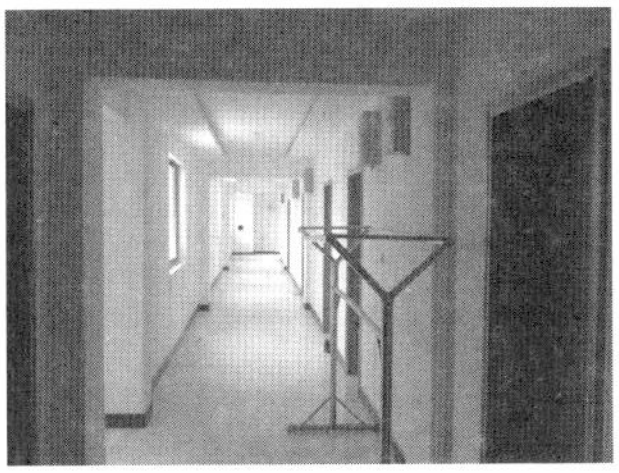

图 3-7　创业团队宿舍楼道

图 3-8　创业团队宿舍内部

图 3-9　创业团队办公室

图 3-10　创业团队办公室内景

目标确立，创业团队成员的分工也随之明确。以袁鑫为首的技术团队开始着手闸机外形的设计，担任投标经理，和市场有所接触的王建强当仁不让地扛起了开拓市场的责任，寻求新的商机和合作伙伴。

此时的雷格特只是一个新生的婴儿。白手起家的王建强既是总经理，也是业务员。几乎每一天，他都要打数百个电话，并且奔走在“推销”的路上。“电话洽谈”“出差面谈”成为王建强每天生活的主旋律。作为雷格特的掌舵人，王建强就这样顶着烈日前行，迎着风雨奋进，给每一个团队成员作出了表率，带来了感召力。

由于客户对雷格特这个初出茅庐的初创公司并不了解，因此大多数的自我推荐都徒劳无功，这个结果也在王建强的意料之中。但也恰恰是起步阶段举步维艰的处境，更加激发起初创团队的斗志、向心力和凝聚力（图 3-11）。袁鑫带着设计团队不知疲倦地泡在厂里，积极投入闸机的设计、打样和测试。王建强也铆足了劲，带着东山精密和创业团队成员的期待和希望，更努力地去挖掘客户。

借船出海，逐浪前行

时任东山精密钣金事业部制造工程经理的陈逸峰，很快就把雷格特 A 版闸机机箱（图 3-12）生产了出来，但是由于雷格特设计团队成员受泰雷兹熊猫工作经历影响颇深，所以 A 版闸机天然带有较深的泰雷兹熊猫的印记。为避免同行诟病雷格特有“抄袭”泰雷兹熊猫的嫌疑，设计团队又立即设计出了雷格特 B 版闸机（图 3-13）。

B 版闸机从外观到内在，双向拓展思维，大胆创新，增添了许多雷格特个性化特色和新颖元素，同时对电路的设计选型也做了升级。值得一提的是，B 版闸机后来为雷格特斩获了企业成长历史上的第一个专利（图 3-14）。

抱着“万事俱备，只欠订单”的美好预期，王建强通过东山精密的介绍邀请到了苏州地铁相关负责人来雷格特公司考察。但取得客户信任是一个漫长的过程，期待中的订单还是杳无音信。其时，由于王建强、袁鑫等几个业务骨干相继离开泰雷兹熊猫，并且抱团成立了雷格特，和泰雷兹熊猫同业竞争，导致

图 3-11　创业团队讨论产品方案

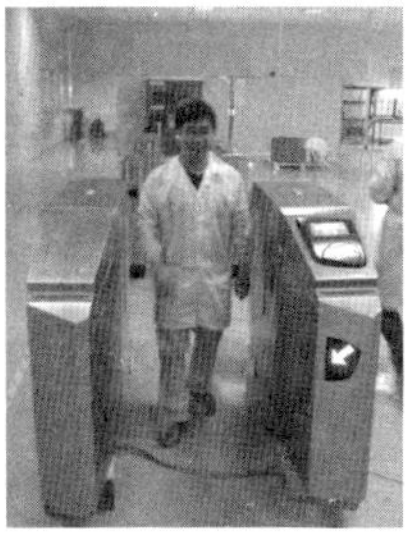

图 3-12　A 版闸机样机

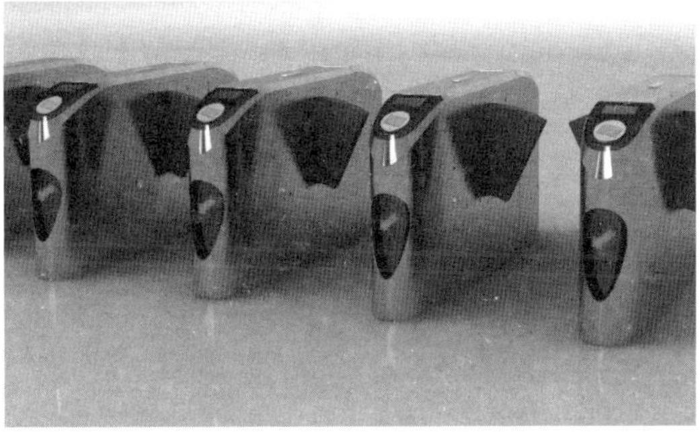

图 3-13　B 版闸机

外观设计专利证书

图 3-14　B 版闸机外观专利证书

雷格特开拓市场变得愈发艰难。所以，刚刚起步的雷格特，哪怕有了自主知识产权的 B 版闸机的诞生，却也迟迟接不到订单。在长达几个月“零订单”的空窗期内，雷格特严重入不敷出。人们常用“没有伞的孩子才会在雨中拼命奔跑”来形容“草根”创业的压力和动力。面对企业发展的重重困境，以王建强为首的雷格特“草根”团队只有一个信念——“让企业活下去”。

万事开头难，既然产品没有销路，那就只能另谋出路。在经历了无数次或委婉或直接的拒绝之后，王建强冷静地认识到，既然谋求新的合作关系行不通，那就不妨先从现有的行业资源和过去积累的人脉下手，另辟蹊径。

王建强想到了自己在泰雷兹熊猫的领路人——帕特立克。他在泰雷兹熊猫工作时曾与帕特立克共同负责公司招投标相关工作，一起分析研究招标文件、进行现场实地考察、挑灯编制投标书，也因此建立了一份“革命情谊”。在王建强离开泰雷兹熊猫，帕特立克一直没有找到合适的人手接替王建强的工作，繁琐的招标任务全都压在自己的肩上。

正当帕特拉克一筹莫展焦头烂额之际，他收到了王建强谋求合作的消息。帕特拉克便欣然提出以聘用的方式，让王建强参与泰雷兹熊猫的投标工作，这样既解决了雷格特“活下去”的燃眉之急，又缓解了泰雷兹熊猫的用人压力，双方各取所需一拍即合。

王建强拿出了十二分的精神和干劲，在短短一周时间就顺利完成了帕特立克交办的招投标工作，也获得了一份相对丰厚的报酬。“我们把建强租赁出去一周，赚到了雷格特的第一桶金，16000 元。”曹东平笑着回忆道。

尽管协助同行企业参与招投标工作不是雷格特原定的业务范围，但第一笔收入的到账让王建强短暂地松了一口气。在加入雷格特之前，初创团队的成员均是独当一面的干将，就算从原来的企业辞职再就业，都有实力拼得百万年薪，能在新公司里混得风生水起。为了让初创团队成员跟着自己创业有成果有前途有回报，王建强深感自己肩负着巨大的责任。为了雷格特的生存发展，也为了回报无条件信任他的创业团队成员，王建强默默告诉自己：我一定要做一个称职的团队领路人，想尽一切办法将公司业务做到最好。

在举步维艰的初创时期，向心力与凝聚力满溢在雷格特创业团队成员的胸腔里。大家满怀朝气和热情，很少考虑自己短期的待遇和报酬。王建强和袁鑫的计划是给自己三年的时间，如果公司三年不死，那就可以平稳发展下去；如果公司不幸倒闭了，那大家就回到原点，各自谋划出路，只不过是重头再来。

袁鑫笑称："最坏的结局，也不过是东山再起嘛。只要我们尽人事、听天命，做好该做的和能做的，也就不会有什么遗憾了。"在那段前路迷茫的日子里，大家白天不辞辛苦拼命干活，晚上聚餐喝酒放松身心，公司的"酒文化"也慢慢地浮出水面。

第一笔收入证明了雷格特"借船出海"的可行性，王建强便决定以此为短期着眼点，再做尝试。常常在深更半夜，王建强还在查阅梳理同行企业的信息，逐一筛选，寻找确定性较高的合作机会。考虑到北控电信通的项目副总杜军对王建强、袁鑫等人颇为欣赏，于是王建强和袁鑫在迷惘之际决定一起前往北京，与杜军进行一次深入交流，希望能够从行业前辈那里取点经。

北控电信通是全球主要的 AFC 系统供应商之一，在车票综合管理及轨道交通软件系统的研发方面处于世界领先地位。此时杜军入行已有数十载，有着十分丰富的经验，对轨道交通行业的发展动向也有深入的研究和洞察力。

在杜军的办公室，一番寒暄之后，王建强和袁鑫聊到合作事宜，本来一脸笑容的杜军，脸上瞬间挂满了欲言又止的无奈。一番思量之后，他开诚布公地说出了自己对于雷格特的担忧。

杜军坦言，雷格特有两道难关要闯。第一道难关是市场的不信任。此时的雷格特还没有业绩，又背负一个"叛徒"的名声，让其本就跌跌撞撞的蹒跚学步更加步履维艰。轨道交通这个行业圈子很小，公司间的合作难免有所顾忌，在有选择的情况下，雷格特很难脱颖而出。

第二道难关则是雷格特发展的定位和方向存在偏差。杜军认为雷格特初创的定位是不合时宜的。尽管雷格特团队成员已经入行多年经验丰富，但毕竟只是完成公司分配的任务。如今独立创业出来单干，则需要更大的行业观，必须和上下游产业链公司共生共赢，形成产业发展的闭环。雷格特所强调的技术与设计，无疑是重要的，但并非无可替代。所以在行业内的前进方向还是一个未知数。

杜军的剖析犹如一瓢冷水泼向了王建强。王建强想要反驳杜军，却又说不出个所以然。可是王建强知道，无论前路多么坎坷艰难，自己一定不会因此而认命，他一定会通过自己的努力和独到的方式，披荆斩棘踏平坎坷，找到属于雷格特的生存发展之路。

事实上，杜军对雷格特面临困境的分析无疑是精准的。这些难关在雷格特发展的道路上都逐一浮现——例如那段让雷格特快要支撑不住的“订单空窗期”。虽然工厂里的样机生产线井井有条，但缺少了订单，一切都只是毫无意义的机械运转。雷格特这个基于设备设计与制造的发展梦想，无疑只能是空想和幻想。

创业初期的很多企业都会遇到资源匮乏、产品销路难以展开的问题，生存的压力也大多来源于此。作为一家刚刚起步的公司，雷格特所能遭遇的最大风险就是还未形成稳定发展的资源就已经耗尽手头上的资金和为数不多的机遇。让王建强更为忧心忡忡的，不仅是现实严峻的挑战，还有他对于该如何走好下一步棋的困惑和茫然，一直在苦心思考，却始终得不出笃定的方向和肯定的答案。

相信自己，相信未来，继续摸着石头过河，走稳当下每一步，并努力多看一步，这就是王建强、袁鑫和初创团队成员当时唯一能做的事情了。

机会必将会垂青有准备的人

从北京返回苏州后，王建强继续积极搜索行业的信息，等待机遇的降临。事实证明，机遇必将垂青有准备的人。

2010 年 5 月，北京地铁为了应对“十一”黄金周的人流，创新性地提出了移动闸机的应用方案。移动闸机是全国首创的、解决北京应急性问题的设备，因其安装便捷和移动方便，常用于重大节假日时的地铁，以达到通过增加出入口数量快速疏散人流的目的。

王建强第一时间就获得了京投亿雅捷需要采购移动闸机的讯息。这无疑是一个来之不易的业务机遇，王建强当即决定必须把握这次难得的机会。在北京和杜军交谈时，杜军说雷格特没有竞争实力，王建强无力辩驳。

于是，为了万无一失拿到移动闸机的订单，王建强和袁鑫商量之后，决定先按照客户需求自行设计出移动闸机样品，带着样机去北京找杜军谈合作，用实力和实物来说话，证明雷格特创业团队的创造力和产品价值。

当晚，王建强和袁鑫便开始了移动闸机（图 3-15）方案的商讨和设计，并立即着手样机的生产制造。这无疑是赢得生存的背水一战，所有的人都抱着最大的热忱和严谨的工作态度投入其中。他们通宵达旦，干得热火朝天，扎线、拧螺丝……每

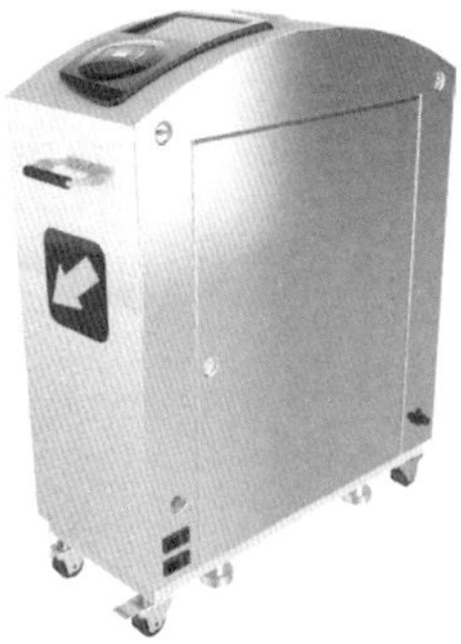

图 3-15 移动闸机

一个环节和流程都亲力亲为、反复检验。厂房里也到处充盈着满满的希望和斗志，仿佛也预示着光明的未来（图 3-16）。

苍天不负有心人，第一台雷格特移动闸机的样机很快就顺利诞生了。当杜军看到雷格特的样机后，看着王建强、袁鑫等人眼里的光和身上的汗，也被这群斗志昂扬的年轻人感动了。于是决定给他们一次机会。雷格特也因此获得了真正意义上的第一个订单：6 台移动闸机，订单总价 38 万元，雷格特第一个帮助客户解决问题的方案诞生了。

这个如今看来不起眼的订单，让当时的雷格特团队成员感到无比的振奋。由于此时雷格特的机壳供应商，是以前从未涉足过轨道交通行业的东山精密，想要稳妥无误地完成第一份订单，难度可想而知。设计优化、生产、组装、测试、安装、调试……每一个环节，袁鑫和王建强都如临大敌，丝毫不敢掉以轻心。

图 3-16 移动闸机生产装配

长达几个月的沉寂和苦闷之后，这个订单彻底激活了雷格特。不论白天黑夜，团队中的每个人都精神抖擞，全身心投入。巩兆藩回忆道：“当时团队里的每一个人都兴奋得像打了鸡血一样，完全感受不到累。当时我家还没搬到苏州，大家通常都是每周回一次南京，为了保质保量完成移动闸机我们连续两个周末都不回家。”

“这大概是沉寂太久后的惊喜。当年能像雷格特一样能在短时间内独立设计和生产闸机的公司并不多，这反而导致我们创业高估了自己，后来的业务空窗期让我们更加清醒地认识了自己。因此，这个订单当时对我们的鼓舞很大，也有非常重要的标志性意义。”王建强回忆道。

2010 年 9 月 30 日，移动闸机设备在现场调试过程中出现了问题。之前王建强和袁鑫在泰雷兹熊猫工作时，设备的生产、集成和系统的调试都由一家公司承担，基本不会出现问题。但此时雷格特作为硬件生产商，移动闸机中的软件部分由上海某信息技术有限公司承担，但这家公司的软件系统在接入时出现了故障，用于票卡身份识别和数据读写的读写器出现了问题。核心功能模块读写器的失灵，将会导致雷格特团队已完成的工作全部付诸东流。

最重要的是，移动闸机的时效性和紧迫性非常明确，该项目必须百分之百在国庆假期前完成，如果这个任务不能按时完成，将会给整个北京轨道交通网络运营带来负面影响。眼看第二天设备就要投入使用，袁鑫、巩兆藩、辅金松等人从苏州匆忙赶到北京调试设备。

深夜的地铁站内人潮散去，只有雷格特人的身影。尽管大家的脸上带有疲惫，但手上的工作却一刻都没有停止。这个项目能不能成为雷格特事业的“开门红”？国庆节当天迎接运行挑战能否顺利告捷？全部在此一举。

2010 年 9 月 30 日深夜 23 点 30 分，距离验收仅有半个小时，袁鑫带着大家还在加紧调试设备。但是这些移动闸机设备却依旧沉睡着，指示灯上触目惊心的红色“×”字就像一把利剑一样悬在每个人的头顶。就在大家拖着沉重的身子不断调试到有些心灰意冷时，经过一番耐心的调试之后，移动闸机终于能够正常运行了。

关掉电源后，向来严谨的辅金松揉了揉酸疼的胳膊，向同伴说道：“再试一次！”。

“成功了！”如释重负的欢呼声和掌声响彻在地铁站内，他们有惊无险地赶在了午夜 24 点前顺利完成了调试，雷格特终于成功交付了有史以来的第一个产品。

第二天便是国庆节。当天的王府井、天安门东、天安门西三站每站平均日客流量达到 18 万人次，移动闸机的投入使用发挥了巨大作用。10 月 1 日当天因天安门东、西封站限流，王府井站客流达到了 20 万人次，当天投入使用的移动闸机共检了 2 万多张票，达到了检票总数的十分之一（图 3-17）。

“国庆假期，移动闸机发挥了不容小觑的作用！”北京地铁相关部门负责人表示。移动闸机就这样一直使用到了 10 月 6 日，根据“上午出站乘客多，下午进站乘客多”的客流分布趋势，站台人员随时调整闸机在出站或者进站处使用。国庆假期的分流任务完成后，雷格特生产的移动闸机又继续在永安里、国贸等站点上下班高峰站使用。

图 3-17　移动闸机国庆惊艳亮相北京地铁站

有了北京移动闸机的敲门砖，雷格特终于在中国城市轨道交通 AFC 行业中拥有了小小的一席之地。王建强感叹道："雷格特创业初期的举步维艰，不足与外人道也。我始终坚信机会必将会垂青有准备的人。事实也是如此。"

第 4 章
艰难探索，力求生存（2011—2014）

奔波不同的城市，锁定不同的商机，没有什么不可能，我们可以将不可能变成可能；没有什么难以战胜，我们要战胜的只是自己。崭露头角，直面挑战，蓄须明志、壮士断腕……一切只为了扎稳脚跟，行稳致远。

苏州地铁 1 号线：崭露头角，无惧 PK 见实力

雷格特移动闸机在北京地铁的成功亮相，既是雷格特第一个自研产品的顺利上线，也是雷格特在 AFC 行业舞台上的首秀。可是，实是求是地讲，此时的雷格特还只是中国 AFC 行业的“门外汉”。

为了带领雷格特更清晰地走好眼前的路，王建强冷静分析发展的瓶颈到底是什么，以问题导向来把脉雷格特的发展战略和实施步骤。经过一番思考后，王建强意识到，既然行业对雷格特的实力和技术不够了解，也缺乏信心，那么现阶段，对于雷格特最为紧迫和最重要的需求，就是进行品牌公信力的借力和背书，以上市公司东山精密的雄厚财力和实力作为雷格特的担保无疑是最优选择，这也是摆在王建强面前的唯一选择。

因此王建强来到雷格特的投资人——东山精密董事长袁永刚的办公室。王建强将雷格特目前遭遇的困境和现实的问题向袁永刚和盘托出。

2010 年，伴随中国高速铁路和轨道交通的快速发展，中国 AFC 行业开始呈现出百花争艳的竞争态势。竞争对手正如雨后春

笋，都希望在行业快速发展的机遇中能够分一杯羹。在这种行业环境里，初出茅庐的雷格特面对的压力和挑战可想而知。在强敌环伺的白热化竞争中，如果投资方东山精密能够出面，以人脉和资源为雷格特进行加持和护法，不仅可以缩短这个初创公司的迷茫期，而且还能为举步维艰的雷格特赢得发展的机会。

在商场上叱诧风云身经百战的袁永刚自然懂得王建强“背靠大树好乘凉”的想法，加上他对初生牛犊不怕虎的雷格特创业团队本就秉持着欣赏和认可，于是，袁永刚应允了王建强，并动用了东山精密大量的资源，为雷格特争取业务发展的机会（图 4-1）。

经过袁永刚不辞辛苦地奔波，终于，雷格特等来了苏州地铁 1 号线建设的机会。这个机会并非是天上掉馅饼，袁永刚只是帮雷格特争取到了一张参与竞争协作的入场券（图 4-2），能否得到业主和指定供应商的认可，还得看雷格特自己的本领和王建强把握机遇的能力。

当时苏州地铁 1 号线的 AFC 设备供货资格已经由集成商华虹计通获得。经过袁总的大力引荐，华虹计通方面决定派人实地考察雷格特。在参观了雷格特的生产厂房和自主设计的 B 版闸机

图 4-1 袁永刚向苏州地铁业主推广雷格特闸机

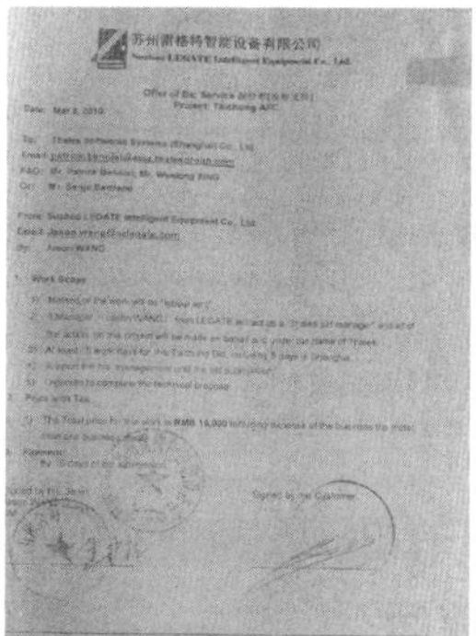

苏州雷格特智能设备有限公司

Date:

To:

From:

1. Work Scope

2. Price with Tax

Signed by the Customer

图 4-2 第一份投标支持合同图

样机之后，华虹计通对雷格特的设计和生产能力有了比较深入的了解，于是愿意给雷格特参与竞争的机会。

雷格特主要负责苏州地铁 1 号线闸机的生产组装业务。OEM 看似简单，却不是像拼积木那样简单堆叠，其中的门道暗藏着对于生产工艺和专业性的挑剔。新进入的企业常犯的差错不仅存在于断差、缝隙等外观问题，也含有对闸机产品的理解偏差和把握不当。当时的雷格特团队的制造经验其实并不足，所以华虹计通不对雷格特的代工产品抱太高的期望值。这其中，除了对新进入企业的担忧，还有当时行业环境的影响。2011 年，AFC 行业市场开始放量，新涌入了一批看似生猛无比的小企业，实则多是抱着行业红利期狠狠捞上一笔钱的短线心态，抢滩的也是技术门槛较低的代加工市场，但是低价竞争带来的势必是低质产品。所以那时的闸机制造行业的产品良莠不齐，价格是低了，但是质量也没保障，稳定性差、做工差、故障率高、寿命不长的低质闸机让业主深受其害，不仅需要频繁返修，耗时费力还严重影响了有序的市场秩序。

虽然华虹计通相信东山精密的制造实力，但考虑到该批设备不仅要有机械制造工艺能力，还必须兼具 AFC 行业的专业技术要求，所以，华虹计通并没有直接把订单给雷格特，而是让雷格特与另外两个供应商——江苏春兰机械制造有限公司、上海大漠电子科技股份有限公司进行一次公平竞争。华虹计通规定，一周之后，三家公司都将各自生产的闸机样机运到上海，由采购闸机设备的业主进行盲选和评判。

成败在此一举。距离样机的交付仅剩短短七天，时间紧、任务重、要求高、竞争对手实力强大，是摆在雷格特面前的四座大山。

值得一提的是，雷格特的竞争对手之一——江苏春兰机械制造有限公司，是春兰（集团）公司核心子公司之一，拥有从世界各地引进的先进闸机生产设备；而另一个竞争对手——上海大漠电子科技股份有限公司，则有控股子公司上海丞洋机电设备有限公司，专门从事机械生产、加工和装配，其产品质量好，生产能力强，已为国内多条地铁、高铁线路制造了几千台售检票设备。

王建强深知，其实三家企业竞争的核心要素就是质量。当时的雷格特刚刚起步，自身的生产线还在磨合当中，雷格特的初始定位也侧重于设计而非生产工艺。对于雷格特来说，与这两家实力强大的老牌企业竞争，就要在短短七天的时间内实现弯道超车和脱颖而出，难度非常大，甚至在外人看来几乎是一个无法完成的任务。

但是王建强没想过“害怕”，而且值此关键一役，害怕又有什么用呢？王建强号召雷格特团队全体成员立即行动起来，招兵买马、分解任务、攻坚克难，有条不紊地“备战”。经过严格的选拔招聘，团队新加了三个生力军，生产线上也招了十多个人。

当时分管该项目的是雷格特初创团队成员之一的巩兆藩。巩兆藩回忆道：“当时我们工作在东山精密大楼三楼，住宿在四楼，24 小时足不出户泡在那里。只知道一天过去，距离 PK 样品的时间便又少了 24 小时。每天晚上我们都工作到凌晨两三点，然后累瘫倒在床上。但第二天一大早醒来又能继续奋战，精神抖擞地开始一天的工作。”这帮工程师奋战的劲头，给当时担任财务的温慧娟留下了十分深刻的印象，温慧娟感慨道：“他们实在太拼

图 4-3　苏州地铁 1 号线闸机样机

了，短短一周时间，不舍昼夜，不言艰苦，将拼命三郎的精神发挥到了淋漓尽致！”

最终，样机（图 4-3）在截止日期前一天中午完工了，团队里的每一个人都十分兴奋。巩兆藩既兴奋，又紧张，因为他还要把样机运送到上海和竞争对手 PK，接受业主的检验。

当时，没运输经验的雷格特司机不清楚上海市关于货运机动车有限制通行的范围。发现外地牌照的货车根本进不了上海核心区域时，巩兆藩急得如同热锅上的蚂蚁，但是他来不及郁闷和泄气，立即联系可能帮得上忙的人。幸运的是，当时恰好东山精密也要运输货物到上海，他们的运输货车可以进入华虹计通所在的区域。

交货那天天公也不作美，上海一直下着倾盆大雨。为了快速到达目的地，货车从外环绕到内环，转了一大圈，迂回的行程里巩兆藩内心也忐忑不已：今天能不能顺利把货物准时送达，客户会不会认可我们的闸机产品……当货车终于顺利抵达目的地，巩兆藩立即收起满心的担忧和忐忑，冒着大雨就大步流星奔进了华虹计通的工厂内。

样机评审地点在华虹计通的 5 楼，当巩兆藩和葛林松打算将闸机运到电梯时，却发现电梯尺寸偏小，想尽各种办法闸机都无法进入。情急之下，巩兆藩三步并作两步，跑上楼与客户协商。终于请到了帮手，七八个人硬生生将 140 多公斤的闸机侧翻过来抬进了电梯。那天，整整一个星期几乎没怎么合眼休息的巩兆藩，即使感觉精疲力竭，但随着闸机一层层地抬上 5 楼，他的胸膛挺得更高了。

当时两家竞争对手的设备早就已经到了现场。他和葛林松赶紧拆包装做准备。就在准备工作刚刚结束之际，华虹计通的领导即带着业主来到现场，由业主进行现场检查、评估。现场特别安静，气氛凝重。业主在三组设备中来回看，做比较，现场简单地评论了一下设备后，业主就和华虹计通的领导进会议室了。巩兆藩和葛林松的神经一直绷紧。巩兆藩看着自己的样机，就像父亲注视着自己的孩子。

他想起了产品设计时和伙伴的激烈商讨，他想起了监督生产时的艰难，他想起接过项目时要从一个工程师转型为一个管理者的压力。一层一层沟通，一节一节协调，他逼着自己，“上也得上，不上也得上；成也得成，不成也得成！”一幕幕的往事，犹如电影画面，一帧帧地在巩兆藩的脑海里浮现和闪回。而这些难忘而平凡的艰辛瞬间，就是雷格特成长茁长的非凡印记。

“业主最终还是选择了我们的闸机。”回眸过去，巩兆藩的语气十分云淡风轻，仿佛在讲述一件无关紧要的小事。巩兆藩感慨道：“在这之前的很长一段时间，我们一直没有订单。苏州地铁 1 号线成功签下来，我们每个人都兴奋得像个孩子。在做样机的时候我就连熬了七个昼夜，到后面批量生产的时候，我们又连续奋斗了整整一个月，就想着赶快顺利生产和交付。我真的很享受这个过程。”（图 4-4）

成功的桂冠不会轻而易举被摘取，唯有汗水和心血的灌溉，才能开出事业和梦想的鲜花。雷格特人凭借专业专注的精神打动了客户，更用精益求精的优质产品战胜了其他两个竞争者——苏州地铁 1 号线项目战役，雷格特人打得漂亮，赢得帅气（图 4-5）！

巩兆藩回忆道：“苏州地铁 1 号线项目，体现了雷格特团队的战斗力和凝聚力，团队通力协作，迎难而上，不怕吃苦，不畏挑战。说到做到，敢为有为的精神发挥到了极致。这也是我们雷格特人对于客户对于团队伙伴的一种承诺和责任。以此来建立彼此的信任，这么多年来，雷格特人一直秉承着这个理念和精神。”

图 4-4　苏州地铁 1 号线大批量验收

图 4-5　苏州地铁 1 号线正式运营

天津地铁 2 号线：直面挑战，完成不可能的任务

苏州地铁 1 号线项目，翻开了雷格特做地铁正线业务的序章。更重要的是，苏州地铁 1 号线为雷格特的事业发展提供了全新的思路和启示：急集成商之所急，想集成商之所想，竭尽全力地为集成商提供优质的产品和满意的服务。只要能够和集成商达成长期稳定的合作，就不必为生存而发愁。

AFC 行业内部分为三个主体——业主、集成商和设备商。其中业主通常指各大城市的地铁公司；集成商是直接和业主对接的合作公司，这些集成商公司一般都专注于软件系统的开发；设备商，例如雷格特，不仅可以为业主和集成商公司提供设备，而且还能提供与设备和系统完美匹配融合的技术支持和售后维保服务。

苏州地铁 1 号线闸机项目的顺利完工，实现了真正意义的初战告捷，也缓解了雷格特生存的压力。王建强开始认真考虑如何才能获得可持续的订单业务和事业发展。为此，他带领着公司初创团队成员和核心骨干，进行了无数次头脑风暴，细致分析行业趋势，并盘点同行企业的经营状况。

由于行业内大部分集成商是不直接生产设备的，如方正国际依托北京大学和方正集团成立，致力于成为一流的软件和信息技术服务商，该公司一直专注于软件系统的研发，主营业务不涉及 AFC 设备的设计和生产。之前雷格特和方正国际接触时，方正国际对雷格特表达了一定的认可，但未曾开展实际合作。在顺利完成苏州地铁 1 号线项目后，雷格特有了项目成果，也有了一些信心和底气。于是，王建强、袁鑫便主动找方正国际洽谈合作。他

们拜访了方正国际负责 AFC 业务的总经理刘军。其实之前方正国际的相关项目，雷格特也参与过报价和投标，但方正国际出于市场战略和经验资历的考量，一直没有选择当时在 AFC 江湖上名不见经传的雷格特，但多次与王建强、袁鑫的沟通交流，也给方正国际领导层留下了良好的印象，为后续的合作打下了基础。

当时，方正国际有一个长期合作的设备供货商，那就是华铭智能。华铭智能从 2004 年就开始和国际的系统集成商合作，一直是行业设备内的佼佼者，华铭智能与方正国际的合作也一直比较顺利。所以在正常情况下，方正国际没有另辟蹊径选择雷格特的理由和必要。

通过苏州地铁 1 号线项目的历练，雷格特的实力已经不容小觑，只要机会降临，必然会把握机遇，延续 AFC 江湖新秀的创业传奇。天津地铁 2 号线的 AFC 项目最开始是方正国际与华铭智能合作的，但在项目实施过程中，意外发生了：当时，闸机外形早已确定，生产阶段也已完工，准备进站装配的最后阶段。天津市政府相关领导来检查时，对闸机机箱的外形设计表示了不满意，并提出了闸机端盖的改进意见。方正国际根据天津市相关领导的要求重新制定了项目方案，将闸机机壳上原有的塑料件改为金属件和塑料件结合的方式。方案的变更让华铭智能始料未及，由于大规模的设计和生产变更会大幅度增加成本费用。在方正国际和华铭智能谈判胶着的时刻，王建强叩响了刘军办公室的大门，也同时打开了雷格特拥抱机会奋力成长的机遇之门。

由于雷格特在苏州地铁 1 号线的优秀表现，刘军对王建强有了信心，在倾听王建强给出的天津地铁 2 号线闸机端盖改造的解决方案之后，刘军便滋生了与雷格特合作的意向。在正式达成合作前，刘军特意前往苏州实地考察了雷格特的厂房和团队。感受了东山精密的专业生产线和雷格特团队成员锐意创新的昂扬斗志和工作热忱之后，刘军放心地选择了雷格特。同时，刘军也语重心长地向王建强建议：在雷格特创业初期，宜坚持以代工业务为主，待根基打稳后，再去考虑转型自主研发设计。

刘军的这番话，与之前北控电信通的杜总可谓英雄所见略同。创业伊始，雷格特一直想要强调自己的技术优势，想通过有技术含量的设计来打动客户。但是在这条“刻意炫技”的道路上，由于缺乏品牌背书，雷格特其实一直四处碰壁。苏州地铁 1 号线和天津地铁 2 号线，实际上都是 AFC 设备的代工业务，这也印证了两位资深前辈的预判和业务建议是科学而务实的。

2011 年 2 月底，雷格特特意召开了一次关于企业和团队“定心、定位”的会议。经过商讨，确定了现阶段的雷格特定位：从集成商和设备商的角度来看，雷格特要成为具有一定机械及硬件设计和制造能力的专业产品 OEM 工厂；从轨道交通的行业角色扮演来看，雷格特要做 AFC 设备的供应商。雷格特的定位变为“为优质集成商提供专业制造服务的设备生产商”。

当时的合作模式是，雷格特负责对天津地铁 2 号线闸机端盖的设计图纸进行优化，将其中成本较高的部件进行改进，然后加工、组装样机再测试。王建强强调：“不要因为生产加工环节相对简单就不重视，生产加工是我们以后走技术路线的基础，我们必须高度重视任何一个生产环节。”

很多人可能会认为雷格特的解决方案缺乏技术含量。但事实上，要想在成本可控的前提下提供完美的解决方案实属不易，除了要有过硬的产品技术，还要对生产材料足够熟悉，对材料的结构、成分、物理化学性能，都要胸有成竹，在确保产品质量要求的前提下尽量节约成本，提升盈利空间，对于代工企业来说无疑是生死存亡的关键点。

2012 年 2 月 22 日，合同顺利签署。距离交货时间节点已经很近了，项目总数量 202 台设备，4 月底前必须全部到达天津地铁 2 号线地铁现场。这么短时间的交货，看似又是一个不可能完成的任务。

不积跬步，无以至千里，雷格特一直都在蓄力，像一只蛰伏在黑暗土壤深处里的蝉，静候盛夏时节的到来，爬上高高的树梢，鸣唱出嘹亮的歌声。

为了和客户做好设计联络，技术部当时派出有 10 余年设计经验的涂雁平负责端盖改造。为了尽快设计出让客户满意的产品，那段时间他经常加班到凌晨，一遍遍地和客户确认外观，图纸修改，确认，修改，再确认，再修改……直到客户满意为止。

当时雷格特团队里的每一个成员都干劲十足，想尽一切办法压缩工作周期，物料投产后，采购部安排专人驻供应商。要知道，当时的闸机还在华铭智能，需要把闸机和装配的物料运回苏州。闫琪作为项目负责人，为了高效地实施项目，一大早就带着同事去了华铭智能公司。到达的时候对方还没有上班。闫琪回忆道：“在竞争对手面前，我们要更职业、专业和敬业，我们要向客户证明，华铭完成不了的任务我们雷格特可以保质保量完成。”几百种物料，一箱箱清点，有的在栈板上堆得很高，闫琪就在车间找梯子爬上去清点，华铭智能配合人员评价闫琪是风一样的女子。就是通过这样的分秒必争和不懈坚持，他们快速清点好了物料，又顺利运送到了公司。

转眼时间到了 4 月初，距离交货的时间仅剩一周，但是意外的事情还是发生了。闸机端盖中塑料件的颜色和样版差距较大，需要重新制作。眼看闸机组装在即，团队中的每个人都很紧张，认为可能要延期交付。如果延期交付后果相当严重，不仅违背了对客户的承诺，还会影响公司的声誉和后续订单的获取。

好在，雷格特人有一种坚持到底、不言放弃的精神。每当遇到困难的时候，这种精神就会焕发出不可思议的能量和光芒。这就是雷格特人的精神。

最终，在大家的齐心协力的配合下，全部塑料件如期合格到货，化险为夷。闫琪感慨道："为了保证项目能在 4 月 8 日第一个车站顺利发货，参与项目的同事每天都加班到很晚，测试人员甚至通宵测试。我特别感动，也很感激每一个拼搏的雷格特人，这种拼搏的精神到现在还记忆犹新，因为有了大家的齐心协力，我们在 4 月底顺利、按时、高效、圆满地完成了目标。"

当最后一车货发完的时候，闫琪站在公司的门口，看着货车渐渐离去，她心中五味杂陈。整整 3 个月的时间，她每天满怀激情沐浴着朝阳上班，却从来没有准时在日落时分下过班。温柔的春风吹在这个当时只有二十多岁姑娘的脸上，她感觉到前所未有的振奋和轻松。

天津地铁 2 号线闸机设备在现场顺利启动，雷格特得到了客户的一致好评，因为这个项目完美的交付，从此方正国际与雷格特的合作关系就建立了起来，也赢得了同行和相关专家的认可，提升了公司知名度和影响力，为后续获取更多的新项目奠定了基础。（图 4-6、图 4-7）

图 4-6　天津地铁 2 号线闸机批量整改

图 4-7　天津地铁 2 号线最后一站闸机装车

成都地铁 2 号线：蓄须明志 背水一战奏凯歌

天津地铁 2 号线 AFC 项目顺利实施后，很快王建强在“为集成商提供专业制造服务的设备生产商”的公司新定位之下，跟三星 SDS 争取到了一次雷格特成长历史上堪称里程碑式的合作，赢得了首个 2000 万元以上级别的超大订单。

三星 SDS 是三星集团在中国投资的独资公司，作为三星集团全球化战略的重要一环，中国成为三星 SDS 公司最为重视的市场之一。当时三星 SDS 是国内市场份额最大的 AFC 集成商，同时承揽了三条在建地铁线路，需要同时交付北京地铁 10 号线 2 期、北京地铁 6 号线和成都地铁 2 号线。在进入中国市场时，三星 SDS 一手培养起了华铭智能，促成其成长为国内第一家 AFC 设备供应商。由于成都地铁 2 号线项目与北京地铁 10 号线项目冲突，华铭智能要求延长交付时间，但成都地铁 2 号线的开通时间已经公告，不可能延期，必须在业主要求的时间内完成。同时，由于成都地铁 2 号线三星 SDS 中标比较偶然，标前业主方和三星 SDS 的准备都不充分，所以合同谈判持续了很久，双方达成一致签署合同时，距离开通已经不足一年了（当时签约到交付通常需要两三年）。这样，三星 SDS 必须另外找合适的制造商替代华铭智能。这家企业必须要产能充足、能够接受 OEM（代工）模式并在短期内交付。此外，由于当时国内生产厂家大量涌入市场，AFC 项目利润急剧下滑，三星 SDS 也开始寻找华铭智能以外的厂家，并改变整机采购模式，开始尝试 OEM 模式，以降低成本，增加利润。由于雷格特与三星 SDS 前期有过良好的沟通，这时，三星 SDS 自然想到了雷格特。

在这样的背景之下，雷格特主动向三星 SDS 提出请战，想要接下这个"烫手山芋"。雷格特的专业团队和东山精密的制造能力使前来考察的三星 SDS 管理层人员陈敬平、谭勇、李文学等人眼前一亮，很快就确认了这个合同，但三星 SDS 留给雷格特交付产品的时间只有不到 4 个月了。这是一个需要在短时间内紧急代工 2000 台设备的大项目。

成都地铁 2 号线的 AFC 系统总工程量很大，并且交期十分紧张。为了确保雷格特这个全新的合作伙伴顺利如期完工，三星 SDS 经过反复权衡，决定改变惯用的设备整体外包模式，自己承担设计，由雷格特来按三星 SDS 的设计图加工。这一模式正好符合雷格特当时的战略定位：为集成商提供专业的制造服务。于是，成都地铁 2 号线成为雷格特首条全设备代工项目。

三星 SDS 对于代工产品品质的要求十分挑剔。能够和当时处于 AFC 行业领军地位的集成商三星 SDS 达成合作，并保质保量地完成成都地铁 2 号线项目的相关合作，对于雷格特而言绝非易事。摆在雷格特面前的，无疑是又一个巨大的挑战和"不可能完成的任务"。如果成功了，就一炮打响，向行业龙头乃至整个行业证明了自己的能力，完成了企业品牌和口碑的建立；如果干砸了，就会被三星 SDS 甚至整个行业列入黑名单，这几乎就等于是宣布了创业失败。

置之死地而后生。当时的雷格特迎来了诞生以来的首次背水一战。王建强甚至为此而立下了一个蓄须明志的军令状：“如果不能按时如期完成成都地铁 2 号线这个项目，我坚决不剃胡子。”

军令状许下后，剩下的唯有依靠团队里的每一个成员齐心协力，奋斗拼搏到极致。在此之前，雷格特的大项目经验只有苏州地铁 1 号线项目，涉及 500 台闸机，交付周期长达半年之久。值得一提的是，成都地铁 2 号线又和台湾信义线项目的交期有所重叠。而且在不到三个月的交期中还包含了春节。所以这个项目的时间管理上的巨大压力显而易见。

这个项目与苏州地铁 1 号线不同，闸机需要边设计、边制作、边验证，格外花费相应的时间。而且，设备也包含了闸机、售票机、半自动售票机、查询机以及运输钱箱的小推车等多个种类，在生产过程中产线需要多次切换，会影响整体生产效率。另外，设备中软件的对接也没有落实。生产周期中还包含了十一、元旦和春节假期，可以说是时间紧、任务重。当时，双方约定的第一次图纸验证带打样时间只有 10 天时间，过程极为紧张而辛苦。客户派产品经理蒲磊专门到雷格特进行驻厂监造及技术对接。雷格特这边，巩光藩担任项目经理，姜霞负责物料采购，袁鑫技术总负责，向敏做结构的技术工艺对接，曹东平负责人力配置和后勤保障。从拿到初步图纸开始，团队成员做了逆推的项目计划。大家开始分工合作，每天加班加点工作，向敏作为一个年轻的女员工也经常是工作到凌晨一两点才回家。大家不懈努力，七天便完成了机箱的生产，随即开始组装，组装调试部分的工作还是相对艰难的，由于设备的种类较多，又是第一次打样，中间经历了多次修改。检测结果几乎是可以预测到的：第一次没有通过验收，但结论中有一个非常重要的信息：暂且不说产品质量如何（这其中有软件验证、进口模块的到货影响等），雷格特承诺的事情在限定的时间内完成了，还是值得肯定的。

有了这样的结论，就说明雷格特可以继续履行合同。最后的会议纪要做了这样的界定：第一次功能验证基本合格；而产品验收，则需要第二次打样，时间是在会议纪要中的问题点确认后的十日内。如果第二次打样还有大的问题存在，则取消雷格特该项目的供货资格。会议结束后，雷格特随即转入了第二次打样工作。雷格特团队在紧张忙碌中奔着目标而去，结果在客户来厂验收的前一天顺利完成了样机。这一次的检测结果是：部分制造工艺需要在小批量的时候改进（图 4-8），软件功能继续优化，产品满足小批量的生产。这批次的设备不能用在正线上使用，但是可以放在业主的车辆段教学使用。这意味着本次打样基本通过，

图 4-8　成都地铁 2 号线小批量验收

但不是完全通过，还需要在产品小批量生产的时候来证明雷格特可以保质守时地批量交付。随即，雷格特将第二批次打样的设备发往成都地铁业主，这既可以减少业主对三星 SDS 的压力，也使业主有设备用于教学。但是对雷格特来说，小批量和批量就在眼前，最终的交付时间节点不变，又是第一次四种设备同时生产并需要配套交付，这对雷格特是一个极大的考验。

就这样，雷格特在小批量中通过了验收，然后开始大批量生产供货，这时候也临近春节了。为了能够保证按期交付，经过王建强的动员和推心置腹的激励，大部分员工都主动放弃了春节长假，只在大年三十到正月初二短暂休息。从正月初三起，雷格特的厂房就全面开工，热火朝天地推进设备的生产了。

为了感谢所有雷格特人的辛苦付出，大年三十那天，人事行政部的曹东平将自愿留守工厂的员工召集起来，请食堂曹师傅做了几桌春节家宴。大家就像兄弟姐妹一样，一群人围着电视机看央视春节联欢晚会。电视机屏幕很小，可屏幕外的世界很大很精彩，正等待着这群朝气蓬勃的年轻人去勇敢探索和自在漫游。

作为业主的成都地铁对于雷格特春节期间赶工的情况不太确信，因为行业内从来没有一家工厂完成过这样繁重的任务，成都地铁公司运营事业部部长代津岳在没有预先告知的情况下，大年初四早上带队突然到访雷格特考察。代津岳看到雷格特的员工们坚守在生产一线，井然有序地组装设备，他感受到了雷格特践行客户承诺的诚意和责任感，在现场为雷格特人点赞：“你们如此勤奋并且敬业，值得信赖，我相信你们一定会如期顺利完成项目任务！”

王建强回忆道：“全体雷格特员工春节期间不畏艰苦、奋勇拼搏的工作状态令我印象十分深刻，值得一提的是，当时的雷格特还创新性地首次采用了流水线作业模式来组装检票机和售票机，从而确保了每天稳定的下线产品数量，也保证了产品规格的一致性和生产流程、生产质量的标准化。”

雷格特的这一举措，得益于王建强在华士电子工作的时候，德国顾问 Fasser 对他长达两年的手把手培训，王建强深刻理解了现代制造业的基本原则和标准化的管理技巧，并灵活地应用到了雷格特产品的生产中来。

在成都地铁 2 号线项目实施的过程中，雷格特的 AFC 设备制造实现了量的爆发性的飞跃，从单一的闸机生产转换成升级成了多个设备种类——同时生产了闸机、售票机、半自动售票机、查询机以及运输钱箱的小推车等多款产品，雷格特团队成员积累了难得而丰富的经验，也收获了满满的信心，并且赢得了客户的致谢锦旗和行业专家的一致好评。

王建强感慨道："团队的力量是无穷的，不畏挑战，迎难而上，精诚协作，互相帮扶是我们雷格特人不断弘扬和传承的团队精神，在这个团队精神的引领下，我们雷格特赢得了一次又一次的成功，也开创了一次又一次的传奇！”（图 4-9 ～图 4-11）

图 4-9　闸机组装流水线

图 4-10　三星致谢锦旗

图 4-11　成都地铁 2 号线开通运营

宁波地铁 1 号线：主动沟通担责，合作渐入佳境

除方正国际以外，雷格特还有一个十分重要的战略合作伙伴——浙大网新。2001 年成立的浙大网新集团，总部位于杭州，依托浙江大学，通过凝聚全球泛浙大校友资源，为产业互联网市场的硬科技企业提供技术、市场、资本和管理的全方位支持，是一家以“成为科技与产业融合时代的数字化赋能者”为愿景，致力于高质量、低成本地推动产业互联网革命的平台型企业。

在雷格特刚刚成立时，王建强就曾主动前往浙大网新谈过合作，对方表示出了热情和友善。但是，由于浙大网新对于合作伙伴的选择一直谨慎并且挑剔，所以对于身为行业初创企业的雷格特一直持观望态度。

后来，由于雷格特的敢为有为和稳健快速发展，口碑也逐渐树起来了，而且雷格特承担的多个 AFC 项目的圆满落地也在业界内引发了不错的反响，这自然吸引了浙大网新开始对雷格特的关注，于是双方有了合作的契机。

在杭州地铁 1 号线项目上，雷格特为浙大网新交出了一份满意的自动售票机设备的代加工答卷，双方的长期战略伙伴关系由此开启。然后是宁波地铁 1 号线的闸机和南昌 1 号线、武汉 3 号线的闸机和票卡模块，再后来是成都地铁 4 号线、石家庄地铁 1 号线、武汉地铁 6 号线，等等。只要是浙大网新中标的项目，相关 AFC 设备的设计生产大多都会放心地交托雷格特来完成（图 4-12）。伴随着时间的推移和合作经验的积累，彼此之间的默契和合作情谊也与日俱增。

图 4-12　雷格特成为浙大网新的设备制造基地

通过多年的合作，浙大网新见证了雷格特从代工走向自主研发的成长和蝶变的过程。在早期合作中，适逢雷格特从代工到自主设计的中间过渡期，浙大网新通常提供雷格特一部分产品示意图、外观图、产品内部布局图和并不完整精细的模块图纸，不再像 OEM 时期一样提供全套的详图。雷格特根据示意图、外观图等浙大网新提供的图纸进行深化，设计出满足生产制作的详细结构图。

虽然大部分的合作都能顺利推进，可是这种粗放式的“放权”，偶尔也产生了负面效果，导致了沟通的无效和设计表达上的差之毫厘谬以千里。在宁波地铁 1 号线的合作中（图 4-13），双方就产品细节产生了很多分歧。当时雷格特细化和完善设计图纸后进行了打样。但是浙大网新在样机验收时仍有许多不满，于是，雷格特只好重新设计。

重新设计打样的过程其实就是迎合客户需求和完善产品服务的过程，通常情况下几个回合内就可以敲定最终版本，进行批量生产。可是在宁波地铁 1 号线中，雷格特和浙大网新的沟通效率却意外地遭遇了“滑铁卢”，看似一个小小的设计细节，双方竟

图 4-13　宁波地铁 1 号线号开通运营

然来来回回折腾了二十多个回合，雷格特共计制造了二十多台闸机样机，这对双方的时间、人力、财力都是巨大的消耗和浪费。

究竟是浙大网新提供的三维设计出了错，还是雷格特的后续细化设计存在不足，双方各执一词。由于一时之间无法锁定问题的根本源头，修改的过程便也翻来覆去不得要领。经历长时间的无效沟通和多次修改后，雷格特的设计师也产生了一些怨言。因为雷格特本身就具备自主设计的实力，但是接手浙大网新半成品的图纸进行二次深化设计后，反而增添了许多问题和弊端，这对于设计师来说是很大的心理负担。

为避免类似情况再次发生，王建强出面和浙大网新相关负责人沟通。他希望浙大网新能信赖雷格特，让雷格特主动担责，有机会证明自己的设计能力。通过王建强的诚意沟通和积极争取，以及雷格特在其他地铁项目中的成绩佐证，浙大网新最终采纳了王建强的建议。从此以后，浙大网新和雷格特的合作模式就彻底转换成了ODM（自主设计制造）模式。浙大网新只要明确传达客户提出的需求，产品的研发生产全过程都由雷格特来自主把控和实现。这样一来，雷格特和浙大网新的合作之旅开始变得顺畅而轻松起来。

伴随着项目经验的累计和产品覆盖面的不断拓展，雷格特除了研发能力和生产技术得到了明显提升，公司的成长步伐也是稳步向前。在 2011 年到 2014 年期间，可以说雷格特一直在探索求变“野蛮生长”，吃了很多苦头，也走了很多弯路，但是最终也闯出了一番别样的天地。

当雷格特代加工之路走到山重水复之际，王建强和袁鑫等人的脑海中从未出现过退缩之念，更不甘心在粗放型、利润微薄、竞争激烈的代加工战场上劳心伤神疲于奔命。他们十分清楚，OEM（代工）只是雷格特起步阶段明哲保身的策略，只为在行业的激烈竞争中求得基本的生存。唯有 ODM，才能让雷格特长出翱翔的翅膀，真正的强大起来，并且行稳致远，滋养出行业领军企业的豪情壮志和非凡实力。

雷格特的自主研发之路，并非一日之功，而是历史的沉淀和必然选择。王建强、袁鑫等人以初心酝酿匠心，在长期主义与短期主义的思考里，不断探索雷格特商业模式的迭代升级，并且以锲而不舍的追求不断指引、修正雷格特前行道路的抉择。

既然选择了远方，便只顾风雨兼程；既然选择了前进，便不畏坎坷泥泞。十年来，在追逐梦想和成功的征途上，雷格特人无惧任何挑战，始终自我革新，自我扬弃，自我蜕变，最终收获了累累硕果，缔造了行业后来者无法模仿和超越的创业传奇。

台湾信义松山线：行稳致远，亮剑整机自主设计

2012 年龙年春节期间，雷格特的厂房里每一天都是热火朝天的繁忙景象，每一条生产线都在满负荷运载，每一个员工都

在忙碌。其实，在这个令王建强印象十分深刻的特别春节里，雷格特同时承接推进的不止一个订单——除了成都地铁 2 号线项目，还有台湾的信义线、松山线项目。

台湾信义线、松山线这两条线的 AFC 设备订单，来自创业团队昔日的“老东家”泰雷兹熊猫。早在 2007 年，泰雷兹熊猫便已中标台湾信义线、松山线项目。由于台湾客户对于细节的严格挑剔和诸多要求，经过断断续续长达两年左右的谈判才最终达成共识，泰雷兹熊猫在 2009 年开始着手设备样机的设计。泰雷兹熊猫当时由于内部管理出现了一些问题，在负责技术的袁鑫等离职后，设计能力大大减弱，样机制作水平远不如前，让一向信任泰雷兹熊猫的客户也大吃一惊，把设备退了回来，要求重新设计打样。

无独有偶，当时由泰雷兹熊猫中标的深圳地铁 4 号线也出现了类似的问题。在王建强、袁鑫等一批核心人才相继离开泰雷兹熊猫时，设备样机已经完工并且交付。囿于当时泰雷兹熊猫所面临的管理问题、财务危机和技术人才流失，泰雷兹熊猫已经无力满足客户批量正常交付的需求。于是深圳地铁 4 号线的客户直接把泰雷兹熊猫设计制作的初版机器拆掉，重新找了厂商进行设计安装，双方的合作不欢而散。

同样，在台湾信义松山项目上，客户再提出要求时，泰雷兹熊猫无力应对，只能来找最初的设计者——袁鑫及其技术团队。在创业初期，雷格特就有过构想，准备作为泰雷兹熊猫的设计供应商。但由于各种原因，这种设想当时没有实现。现在泰雷兹熊猫却主动找上门来。一方面，雷格特通过苏州地铁 1 号线、天津地铁 2 号线、成都地铁 2 号线等项目订单的历练，已经形成了比较成熟的生产线，并且在行业内口碑蒸蒸日上；另一方面，伴随着雷格特创业团队的发展壮大和竞争实力的增强，雷格特决意重拾自己的初心，希望能够将“设计”作为自己的企业基因和核心竞争力。于是，以王建强、袁鑫为首的雷格特团队很快就和泰雷兹熊猫“破镜重圆”达成了合作。

值得一提的是，虽然泰雷兹熊猫只给雷格特预留了短短一个半月的交期时间，但是台湾信义线和松山线，却是首个完全由雷格特进行整机自主设计的项目。这对当时年轻的雷格特来说既是一个很好的机会，也是一个全新的考验。雷格特在这个项目上面临诸多的第一次：第一次进行闸机整机设计，第一次设计时要考虑残疾人通道，第一次自行设计 Token 回收模块，第一次做需要报关的项目，第一次在台湾现场调试，等等。所有这些，使雷格特在设计、生产、工艺、资源配置、成品运输等各方面都面临着挑战。

为了做好这个 ODM 项目，公司专门设立了 XYSS 项目组，袁鑫技术总负责，巩兆藩项目总负责，陈行湖负责设计重要模块——Token 票卡回收模块，姜霞负责采购，曹东平负责生产，大家各司其职，全力以赴地做好这个项目。

在这个项目中，token 回收模块是比整机设计要求更高的一个部分。负责该模块设计的陈行湖极具想象力地把 SMA 主控板设计成了八卦形状（图 4-14），经反复测试后，其功能及稳定性完全能够满足客户的要求。

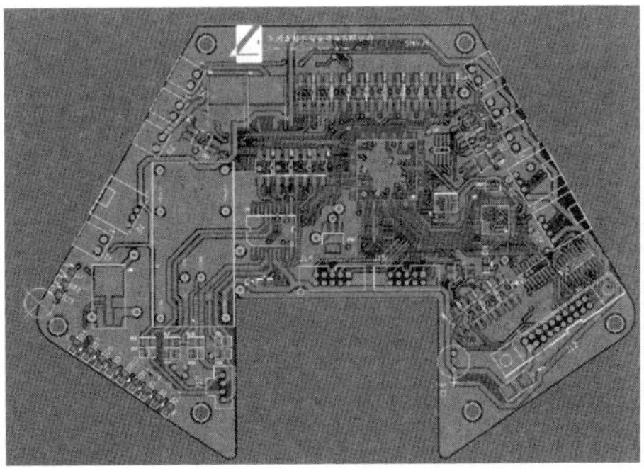

图 4-14　SMA 主控板设计示意图

这个项目在设计及生产工艺上要解决的一个重要问题是产品边角工艺与伤残的问题。台湾岛亚热带季风气候和热带季风气候并存，平均气温比大陆高，夏天的时长也比大陆长。在夏天，人们大多穿着凉鞋，女性多着裙子，在乘客等待以及通行过程中，可能脚会蹭到闸机底座的边缘。因此，客户要求闸机底座的边缘打磨光滑，这就是对钣金毛刺的要求非常高。在大陆，对这些方面的要求并没有那么严格，检验时大多是用手大致摸一下，而台湾客户则会通过实验等测试方法，验收十分细致，因而也对雷格特提出了更高的挑战。当时，闸机机械设计和集成设计分别由两位年轻的设计师吴章强和赵志超担任，这对他们也是一次挑战。因整机设计经验的欠缺和能力限制，当时的样机和批量都出现很多硬件问题，如机箱门缝隙过大、扇门安装和端盖固定后存在缝隙、显示屏出现水波纹、气弹簧压力、传感器透窗的加工误差等。他们虚心请教，积极攻关，与其他同事及供应商一起反复验证，逐步优化设计，使很多细节问题都在后续的批量生产中逐步解决。

雷格特人感受到了台湾客户对细节的高标准和严要求这种严谨的态度，从而更加重视产品的品质。在未来的项目中，雷格特人不管是在设计、生产，以及任何一个过程，都用打磨精品的心态来对待。

作为第一个自主设计和生产制造的项目，雷格特在生产过程中，存在着诸如装配关系干涉、线缆信号的干扰、屏蔽不到位等诸多需要充分的技术和经验积累才能够认识到并克服的问题。

这意味着团队成员要花更多的时间和精力，特别在第一次小批量生产阶段，吴章强、赵志超、徐伟、何飞、刘正淋、孙强等一帮技术和生产骨干一起通宵达旦进行模块和整机生产调试，终于在客户约定的时间内完成交付。在第一批闸机交付那天，他们刚熬了一个通宵，但早上一上班后又发现线束相互交叉连接错误导致左右扇门动作异常。这属于工艺布线失误，眼睛中已布满血丝的何飞来不及自责，更顾不上休息，二话不说又带领几个工艺工程师和生产骨干继续加班整改，确保当天完成并装车发货。类似各种异常状况还有很多，但他们均能直面问题，绝不糊弄，沉着冷静，越挫越勇，直至项目全部按时交付。

这个项目除了设计外，供应链环节对雷格特也是一个不小的考验。当时的雷格特成立不久，与供应商之间合作的时间不长，仍处于磨合期，存在着不少沟通问题，尤其是这个项目涉及大量的自主设计，需要在供应商那里做一些工艺的优化选择。在这个磨合过程中，团队对于生产链本身相对陌生。因为团队大部分人都是负责设计的，对于具体生产只是知晓大概，并不具有完整的经验，与供应商方面的交流更是少之又少，衔接也不是特别顺畅，所以效率明显跟不上期望。雷格特团队以一种扎实的工作作风，不断总结经验，耐心地与供应商沟通，定期与供应商开会商谈，主动提供技术支持，在这种不断磨合中，与供应商的关系起来越融洽。正常情况下，供应商一般在春节前后会放一个月左右的假期。但 2012 年春节，为了同步顺利推进成都地铁 2 号线和台湾信义线、松山线项目，雷格特做了大量沟通协商工作，让供应商在春节期间全力配合，雷格特全员仅仅休了三天年假，其他供应商的假期也大多不到十天。

同时，内部人力和相关资源的协调分配上，也做到了极致——

当时成都地铁2号线和台湾信义线、松山线项目两个项目(图4-15)同时进行，因此雷格特的人手出现了明显的紧缺，随即，公司非生产一线的员工都在通过统一培训之后，临时补充去做一些装配工作。所有的管理人员更是全员出动，王建强当起了物流员，辗转奔波在仓库和车间。就这样，一遍又一遍地改，一回又一回地磨，日以继夜地工作和奋斗。天道酬勤，通过台湾信义线、松山线项目，雷格特完全自主设计的产品得以广泛应用，并且接受了广大乘客全方位的检阅，改善了台湾民众地铁出行体验，并且受到了行业内外的广泛好评。有了这次合作的经验和基础，再加上泰雷兹熊猫的日渐衰退，雷格特与台湾神通资讯公司逐步建立了彼此信任的合作关系，随后的福州地铁1号线、台湾三莺线，双方的配合默契都很高。

“在台湾信义线、松山线项目中，我们暴露出来的主要问题是装配关系干涉、线缆的信号干扰以及屏蔽不到位等，总的来说一句话，就是我们团队的功夫实力还不足。”作为雷格特技术总监的袁鑫回忆这个项目时感慨道。

图 4-15　台湾信义松山线开通运营

自主设计经验的相对不足，不仅体现在设计，还包括在设计之后常见问题的分析上和解决思路的选择上。“譬如为什么显示屏会出现屏闪，经验丰富者立即就会往屏蔽不到位的方向上想，但经验匮乏者就会百思不得其解，需要花更多额外的精力和时间去摸索和进步。”袁鑫补充总结道。

勇于开拓，亮剑整机自主设计；行稳致远，展现行业黑马雄风。雷格特在中国 AFC 行业的道路上，越走越宽，眼前的视野和征战的疆域也日益辽阔。

屏蔽门业务：虽败犹荣的“壮士断腕”

伴随着时间的推移，雷格特在历练中不断成长，在挑战中不断进步。一方面，雷格特始终坚持求生存谋发展的目标导向；另一方面，雷格特以客户需求和意见作为问题导向，追求客户的满意度。

雷格特的成功秘诀只有一个：想用户之所想，急用户所急。王建强强调道：“当你心里装着客户，客户心里才会装着你，路遥知马力，日久见人心，我们的产品设计独具匠心，我们的产品质量精益求精，我们的服务水平臻于至善，客户体验越来越好，订单就会源源不断。”

伴随着中国 AFC 行业的飞速发展，相关设备产能大幅激增，区域性过剩已经逐渐显现，行业内部的竞争空前激烈。王建强意识到，如果雷格特公司业务单一，被后来者追赶和替代、被老牌企业压制利润的风险也就越来越大。因此，雷格特开始酝酿改变——屏蔽门就是雷格特对于业务拓展的一次尝试。

地铁屏蔽门其实是一项集建筑、机械、材料、电子和信息等学科于一体的高科技产品，屏蔽门将站台和列车运行区域隔开，通过控制系统控制其自动开启，由此保障了乘客的人身安全，是地铁建设中不可或缺的配套设备。

就屏蔽门业务在中国的发展状况来看，早期国内地铁屏蔽门市场全部被国外供应商所垄断，如日本的纳博克、英国的威斯汀豪斯、法国的法维莱等。随着中外合资企业的诞生以及竞争的不断升级，目前中国的屏蔽门生产技术已经达到国际先进水平。

而早在创业初期，雷格特在分析行业情况时就开始留意到作为设备厂商的松下电器（中国）有限公司旗下（以下简称“松下”）有屏蔽门业务。在后来，雷格特借由松下的资源开拓屏蔽门市场其实是一种机缘巧合。

雷格特创业的起步阶段，就曾在阿里巴巴电子 1688 商务网站（以下简称“1688”）上为公司做过线上登记和展示。登记展示成功后，王建强曾兴奋地打趣说：“我们已经是网上正儿八经能查得到的公司了。”没想到，正是这次“无心插柳”的登记展示，让一个叫耿川的人按图索骥打来了一个电话。

耿川当时就职于松下，他在 1688 网站上寻找能做闸机的供应商时，偶然浏览到了雷格特的信息，看到了 B 版闸机信息。耿川在详细了解产品属性和雷格特公司概况之后，认为雷格特正是松下想要找的供应商。于是，经过多次沟通，雷格特也为松下打了几次样，但是项目一直没能落地。后来，当耿川负责无锡地铁 1 号线屏蔽门业务时，业主新增了一个风阀转换装置的需求（图 4-16），耿川于是主动询问王建强雷格特有没有兴趣参与其中。当时雷格特正在筹划扩大业务范围，考虑到两条腿走路总强过一条腿。于是，2011 年 12 月雷格特和松下签下了合作协议。虽然最终风阀转换装置最终又被业主取消了，但是敢想敢为的雷格特人已经开始雄心勃勃地拓展屏蔽门业务。

2013 年，雷格特在工厂隔壁租了两栋空厂房，简单装修过后专门用来做屏蔽门业务（图 4-17）。启动屏蔽门业务后，雷格特便风风火火开始了人员招聘工作：工艺分解岗位、组装制造岗位、焊接岗位、打胶岗位等。

搭建项目队伍的同时，同步进行供应商的选择。屏蔽门是一个完全不同于闸机的业务，需要选择包括不锈钢管、铝型材、胶条、钢化玻璃等全新供应链的搭建。这类供应商一般都比较强势，雷格特又是第一次批量采购，因此过程中的谈判以及部件的交付都遇到了许多困难。

在屏蔽门制造过程中，由于技术和工艺均非所擅长的领域，所以生产过程十分艰难。在焊接框体时，由于焊接变形，需要对框体进行整形，当时 4 个焊工，4 个整形人员，一天的产能也就 7 个合格的门框，进度和效率非常差。项目团队组织相关人员，

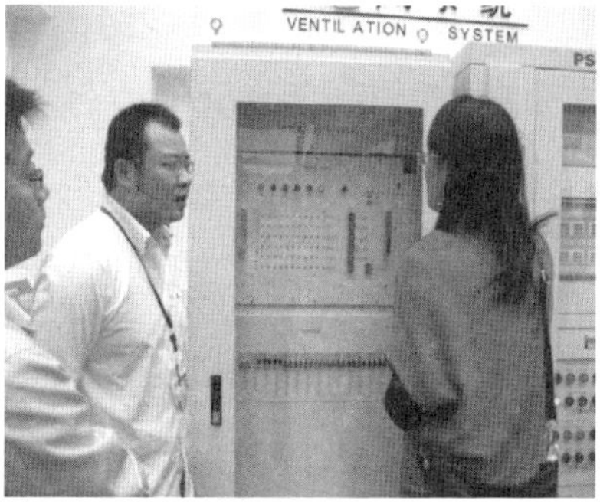

图 4-16　无锡转换装置样机评审

图 4-17　屏蔽门组装车间

分析焊接整型的工艺，也去找相应的资源并去友好协作厂商学习，一段时间后，可以做到一天 20 个框体。打胶是一个更为专业的手艺活。要先在门体上画相应的网格线并打上胶，然后盖上玻璃静置 12 个小时，后期还要对黏结门体和玻璃的四周进行割胶处理。打胶既要黏结牢固，又要不浪费胶，是一个既需要耐心又需要速度的工艺流程。对此，团队成员通过不同的方法试验，最后的结果是，固化打胶人员，用熟能生巧的方式获得最佳效率，在门体清胶工序上基本不费时间，而且达到了门体边缘非常美观的效果。

屏蔽门业务严格意义上也是代工，客户提供图纸，因为是全新业务领域，所有的生产流程都要全新摸索，雷格特面对的挑战和压力主要是工艺的精细化和专业化以及供应链的比价和优选。当雷格特掌握了相关工艺和技术后，才意识到屏蔽门需要极高的生产工艺和高品质的材料。但是大部分物料雷格特都是从供应商渠道采购，导致屏蔽门业务的大部分利润都被中间流通环节蚕食掉。王建强清醒地意识到，在这场关于屏蔽门设备的竞争阵地上，雷格特做代工并不具备竞争优势。

等到雷格特参与无锡地铁 1 号线、北京地铁 14 号线（图 4-18）、贵开线、南京宁高线（图 4-19）等多条地铁线路的屏蔽门业务投标的时候，王建强发现屏蔽门的竞争市场几乎已经变成了“近身肉搏”，即使雷格特抱着“不赔本就好”的想法去投标，投标价格依然比竞争对手高出很多。王建强理性地预判，屏蔽门不是雷格特擅长的领域，更不可能在短期成为公司的业务和利润的增长点。如果雷格特依然想要继续屏蔽门业务，就只能赔本赚吆喝了。

图 4-18　北京地铁 14 号线屏蔽门开通运营

图 4-19　南京地铁 3 号线屏蔽门开通运营

管理层经过多次开会商议之后，一致认为，屏蔽门业务最大的问题是需要先行大量垫付资金进行物料采购，而且利润空间很小。经过几番探索和挣扎，雷格特在屏蔽门这场战役中并没有像 AFC 设备那样顺利。为了及时止损，雷格特选择了壮士断腕激流勇退，在 2015 年贵开线完成交付后，雷格特毅然决定砍掉屏蔽门这一条“臂”。

王建强回忆时感慨道：“雷格特做屏蔽门业务历时虽然短暂，却是雷格特在发展过程中难忘的一次壮士断腕之举。对公司的后续发展也提供了一次宝贵的经验。经此一役，我们再选择新的领域时，便会着重考量现有的技术优势和资源的契合度，结合智能化的技术方向，夯实雷格特在 AFC 设备制造领域的领军者地位。”

不经一事，不长一智。在全面砍掉屏蔽门业务后，雷格特并未放弃新的产品开发，反而以更加开放的胸怀和更加成熟的姿态，融入 AFC 行业的发展大潮之中，并且勇敢地逐浪在行业创新探索的潮头，在峰谷浪尖上不懈冲刺，寻求全新的发展方向。

第 5 章
业务转型，渐入佳境（2015—2017）

一个名字就是一份力量，一个项目就是一次宣誓。每一个名字，都是勇于担责的奋斗者，每一个团队，都是战无不胜的 AFC 铁军。我们亲密簇拥在一起，手拉着手，心连着心，建设百花齐放、渐入佳境的雷格特大家庭。

新疆 BRT：匠心设计：无惧风沙侵袭

如果说天津地铁 2 号线项目，雷格特和方正国际的合作只是一次机缘巧合，那么，新疆 BRT 项目就是雷格特和方正国际之间作为长期战略合作伙伴的真正“开山之作”（图 5-1）。

2015 年 9 月，方正国际就拿下了新疆 BRT 项目。那年，方正国际固定的合作伙伴——华铭智能在创业板成功上市。在股票成功上市后，华铭智能的品牌和业务都蒸蒸日上，并大幅度调整了价格，这让方正国际不得不重新审视双方的合作关系。

图 5-1　新疆 BRT 开通运营

为了降低经营成本和合作风险，方正国际希望找到一个新的合作伙伴，作为华铭智能的“替补”。这时，曾经合作过天津地铁 2 号线端盖改造的雷格特就成为方正国际的首选目标。而且重要的是，成立五年多的雷格特已经不再青涩稚嫩，也积累了诸如“非常专业”“尽心尽责”“很拼很给力”等口碑。于是，这一次雷格特和方正国际的合作关系的缔结显得自然而然水到渠成。

BRT 快速公交模式，是一种介于快速轨道交通与常规公交之间的新型公共客运系统，公交行驶在专用车道上。这种提升效率的方法，需要高效的收费系统与之相配。这便是这一项目的由来。当时新疆 BRT 项目共有两条线路，其中一条，方正国际仍然交给了华铭智能负责，雷格特负责另一条线路。在充分了解客户的个性化需求之后，雷格特分析了新疆 BRT 项目的挑战和压力所在。

首先，由于新疆独特的地理特性，这里的 BRT 快速公交对闸机等 AFC 设备的要求也有不一样的个性化要求。其一，是对 AFC 设备耐高温的要求。新疆地区昼夜温差极大且地表温度较高，而 BRT 项目的 AFC 设备全部需要架设并裸露在地面区域，所以相较轨道交通而言，新疆 BRT 项目对闸机耐热耐高温等物理特性的要求更高。其二，新疆地区向来多风沙和沙尘暴，如何有效保护闸机内部的精密仪器不受风沙尘埃影响，也是雷格特必须面对的一大难题和挑战。

其次是这个项目的交付时间短、任务重，这个项目的闸机交期只有三个月时间。在短短 90 天内，雷格特团队需要完成数百台闸机的设计、生产、安装以及调试，这看起来似乎又是一个不可能完成的任务。

再次，这个项目的闸机在设计上对雷格特自身也有着更高的标准和更严格的要求。由于在这个项目中扇门和卡模块是雷格特自主设计并首次大批量投入生产的，所以，雷格特也想借着这个机会推出自己独具匠心的产品让新疆业主和方正国际眼前一亮。

为积极应对这些挑战和压力，袁鑫带领着雷格特设计团队专注研发刻苦攻关，不仅继承弘扬了过往闸机设计的经验，还特意创新了设计细节。在机箱设计上，针对新疆地区的独特地理和气候也更加细心和用心。例如：为了有效防止风沙粉尘和防水，雷格特特意采用了一个不完全的屏蔽装置用以隔挡。这个顶部封闭四周开放的围栏式屏蔽装置，可谓特意按照新疆气候的个性化需求而设，既因地制宜，又精巧精致。

接下来的研发阶段，雷格特还特意加入了自己首创性的应用——闸机内部的所有核心模块。事实上，在之前的台湾信义线、松山线时，雷格特团队自主设计主要体现在机箱及内部模块的合理布局，回收模块是自己的，其他部分核心模块由甲方提供。但在新疆 BRT 项目上，闸机内部所有的模块都是由雷格特 100% 自主设计并生产。雷格特基于前期的技术储备，实现了首创性的应用创新，将之前实践的灵感与经验完美地融入到新疆 BRT 项目的推进之中。

“在推进设计的时候只要想着怎么才能更高效地完成项目更好地服务客户就行，经过长期的磨砺和沉淀后，容易萌生出新的创意和灵感，这时候，创新设计就是水到渠成的事情。”袁鑫感叹道。

就这样，雷格特精益求精地完成了闸机的设计，并马不停蹄地投入了生产，最终在三个月内按时按量完成了订单的交付。交货时的顺利，大大超出了雷格特团队最初的预期，也让客户感到十分的惊喜。在这次愉快的合作之后，客户对雷格特十分认可，这也为方正国际成为雷格特最重要的客户之一奠定了坚实的基础。

新疆 BRT 线路在 2015 年年末正式开通，技术工程师孙强被派到了现场做服务保障。新疆当时正处于冬季，温度最低达到了–25℃。闸机虽然安装在半室外环境里，但是在早上启动的过程中，闸机会 PCM 启动失败。经过研究发现，PCM 由于缺乏低温启动保障功能，在温度低于 0℃以下的环境中就可能出现启动失败，导致扇门不能正常运作。事后，孙强自豪地回忆道："我们很快就制定出了完美的解决方案——每天开机前把加热模块提前打开，使闸机内部的温度达到 10℃左右，然后再正常开机，就能确保冰天雪地里的每一个扇门都可以正常运作。"

开拓市场赢得订单，确实有一定的运气成分。但是光靠运气是走不远也是无法真正强大的，只有把每一次开拓市场的机会，变成了展现创新实力赢得客户信赖的机遇，才能运筹帷幄，赢得多次的成功和可持续的发展。"在新疆 BRT 项目的实施过程中，我们发现了技术创新对产品生产的指导性作用。只有通过技术优化和产品创新，才能真正提高生产效率，优化客户体验，并有效降低成本。我们相信，研发技术才是核心的竞争力，不会被市场埋没，也不会被竞争对手轻易复制和超越。"王建强补充说。

王建强强调："客户与企业不仅仅是业务合作关系，客户还是企业成长的引路人和助力者，可以反过来帮助公司更快更好地成长进步。"一个项目的合作，除了本身的盈利收益外，项目所带来的客户资源、资历证明等隐性收益有时更为重要。企业的成长离不开客户，尤其是少而精的稳定好客户。这些稳定的好客户通常在行业内具备一定的影响力，且和多个同行企业形成了稳定的合作关系，从而能够实现影响力的几何级辐射。

新疆 BRT 项目是雷格特首次整条线路同时使用雷格特自研的票卡回收模块、扇门（单折门、双折门）模块项目，是雷格特十年创业历史中极具标志性意义的成长里程碑。从新疆 BRT 项目开始，雷格特一方面用心地迎合市场需要、满足客户个性化需求。另一方，雷格特也在不断提升团队素质和专业能力，并且通过规范的操作、完善的质量控制流程和严格的自我执行，来确保每个项目的超高完成度以及产品的精益求精，臻于完美。

就这样，雷格特通过对客户资源和业务关系的深层次理解，以及对于参与市场竞争关键要素的盘点、梳理和优化，雷格特找到了可持续发展的新定位、新策略和新方式。在跨越发展的新阶段，雷格特牢牢地把握了企业发展过程中的每一个合作机会，通过稳扎稳打的 OEM 业务来实现产品设计的创新、提升产品质量，为自己 ODM 阶段新一轮的能力成长和跨越升级不懈探索、默默蓄力。

长春地铁 1 号线：历经千帆，归来仍是英雄

在 OEM 业务模式向 ODM 业务模式转变和升级的过程中，雷格特以自主研发和创新设计为特长优势的企业属性日益明确并且彰显。雷格特自主研发的核心模块主要包括扇门模块和票卡模块两个部分。其中，针对卡模块中 Token 模块，如台湾信义松山线的 Token 模块雷格特创新了 Y 形的传送通道，实现了票卡分离；针对票卡模块，雷格特解决了胶轮容易老化的问题；而针对扇门模块，雷格特对宽度进行了收缩设计，最终实现了整个闸机体积的缩小，节省业主场地空间。

但是在中国的轨道交通 AFC 市场内，光有技术是不够的，

还需要有丰富的项目经验和行业资历。在很多线路项目的招标条件中，大部分明确了要求参加投标的单位所使用的模块必须拥有两条以上线路项目经验的要求。这无形中就筑起了壁垒，提升了AFC 行业的准入门槛和后来者的竞争压力。

没有扇门模块使用业绩的雷格特，如何才能顺利拿下长春地铁 1 号线扇门模块的订单，这是一个“一波三折”的故事。

扇门模块是一个对安全要求最高的模块。业主会出于“安全第一”的顾虑，为了降低安全风险而宁愿承担更高昂的费用，选择购买国外成熟品牌的扇门模块产品。雷格特需要面对的“第一波折”就是打消客户对于产品安全性的顾虑。

长春地铁 1 号线是雷格特与长春光华科技发展有限公司（以下简称“长春光华”）合作的项目，长春光华的总经理王逸夫是王建强的老朋友。在长春光华顺利拿下长春地铁 1 号线订单后，王建强找到王逸夫协商，希望长春光华能够给予雷格特参与该项目合作的机会。

王逸夫一开始还有些犹豫，王建强主动提议先让雷格特试装两个通道，与国外的同类设备进行对比。如果雷格特的产品试装产品没有问题，可供业主自由选择。或者，至少通过这次试装给雷格特的产品一个应用业绩证明，以有利于雷格特后续的项目投标。王逸夫被王建强的诚意和自信所打动，最终应允。

雷格特经历的“第二波折”便是扇门模块产品的的技术研发难关。当时，扇门模块的设计主要由国外技术主导，市场基本都被国外产品垄断。雷格特要做和外国同类产品媲美的新一代扇门模块产品，却没有国内经验可以借鉴，同时也缺乏实践经验，这显然是一个风险大于机会的挑战。

王建强坚信，只要雷格特潜心研发，提前做好准备，就能在市场有需要时及时反馈，抢占先机。

第一代扇门是欧姆龙的拍打门类型，当时内部电机是由欧姆龙指定东方马达，性能稳定，但是价格很高。雷格特进行技术创新时，首先买了东方马达电机来自行研究，但迟迟没有取得突破性进展。后来，王建强和袁鑫认为如果继续采用东方马达进行类比研究的话，不仅生产成本较高，采购交付的周期也很长，并且难以体现出创新性和优越性。

于是，雷格特寻找到了深圳的一家专业的电机制造公司作为合作伙伴。这家电机公司最初为雷格特提供的是步进电机，在双方的合作沟通中，对方主动迎合了雷格特的需求，于是双方携手开发了伺服电机。新研发的电机的价格仅为东方马达的四分之一，却能实现电机性能上的提升，这对于扇门模块的开发至关重要。

在扇门的开发过程中，折叠扇门力矩的把握是最为困难的，研发的进程就堵在了其强开力的严要求和高标准上。要实现严要求高标准，就必须找到科学的合适受力点。但极限是无法达到的，只能不断精进臻于至善。由于没办法精准确定理想点的位置，雷格特只能反复试验。不过，新电机的诞生对这一进程的完善如虎添翼。在新一轮的研发中，雷格特创新了设计原理，克服了扇门固有的缺陷，使最终的产品结构更加简洁，功能运行更加平稳，并且减少了传感器数量的配置优势。值得一提的是，伺服电机的改进，大大降低了扇门模块对于受力点选取精度的难度和要求，从而实现了整体性能上的提升，并且更加便于现场的安装和维护。

在这一“波折”中，雷格特的闪光点是定位和设计思路的转变。“定位和思路是有着指导大局的意义的。”伺服电机扇门的开发者陈位说道："最开始时大家方向不对，后来将思路调整后，攻坚克难就越做越顺利了，我们也获得了真正意义上的经验和成长。"

"第三波折"便是产品出现临时突发问题时的修复完善。当长春地铁1号线扇门全部交付安装后，客户进行现场测试时却临时突发了许多产品性能问题。接到客户的反馈，王建强内心焦灼但是胸有成竹，他给售后团队下达了"必须100%如期修复"的死命令，要求售后团队不遗余力、全力调试（图5-2），一定要让客户在规定时间内100%满意。

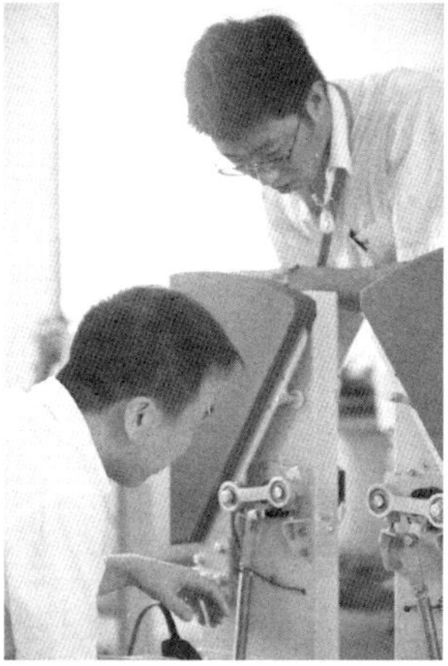

图5-2 长春地铁1号线扇门样机调试

为了完成王建强下达的死命令，雷格特派出了当时能调动的全部人员，涵盖多个部门不同岗位的同事，从技术总监到生产销售全部抵达了长春。组建了一支共计23人的临时项目团队。这支队伍在抵达长春之后有序地分为三组，分别负责拆卸、调试和安装，从5月25日到6月5日，整整12天，大家食宿全部都在项目现场，发现一个问题解决一个问题，竭尽全力推进项目进程。每个人都没有怨言，没有退缩，大家忍受着身心的压力，朝着共同的目标携手合作，奋力达成。

研发产品不等于应用产品，当时临时性的故障问题其实就是设计研发时的难点——当扇门打开后，能够被外力（如手推脚踢等方式）强推回去。如果扇门被外力强行推回去，产生的逆电流就会将控制板烧掉。最终，为了解决控制板设计上的"漏洞"，研发团队找到了增加保护机制作为最优解决方案，终于成功攻克这一技术难点。

值得一提的是，在这一“波折”里，雷格特当时驻扎长春的23人团队产生了几笔值得“记录在案”的特殊花费：

第一笔费用是租车费用。现场的工作主要是控制板的返修，考虑到调试工作如果放在现场，不仅不方便，而且效率很低。于是，雷格特紧急借用了客户的会议室，在会议室里调试，在确保控制板没问题后，让司机开着租来的车送到相应的地铁站，车子一趟趟来回奔走，日以继夜地奔波。

第二笔费用是买棉袄的费用。五月的长春天气依然寒冷，尤其是未开通的地铁车站里，冷飕飕的穿堂风让人直打寒颤。从春暖花开的苏州紧急赶过去的雷格特人，完全没预料到长春的寒冷。为应对寒冷，他们只好临时买棉袄御寒，确保高效及时完成工作。

第三笔费用是聚餐费用。长春1号线项目的雷格特人为了节省时间，他们都是蹲坐在地铁站外的楼梯上扒拉盒饭（图5-3）。地铁站外就是工地，风大灰大气温低，每天的盒饭到手时就已经不热乎了，在大风中扒拉两口就彻底凉了。直到项目完工，他们才有了一顿热气腾腾的聚餐。

图5-3 长春地铁1号线售后车站外吃饭

图 5-4 长春地铁 1 号线项目团队合影

项目结束后，雷格特发了这样一段信息："兄弟们辛苦了十几天，大家每天在地铁站冒着寒风，吸食着装修弥漫的灰尘，不敢多喝水，因为不好找厕所，你们趴着跪着蹲着，每天工作十几个小时，不可避免地身上挂彩……诸多种种，一言难尽，向大家再道一声辛苦了。愿历经磨难归来，仍是英雄。"这段话里流淌着雷格特团队（图 5-4）不懈奋进的慷慨豪情和无限柔情，这份情，那天晚上，都融入了聚餐的一杯杯酒中，暖暖的，既暖胃，又暖心。

"其实最开始客户问我，需不需人手帮忙。但是产品研发设计的不成熟是我们自己的问题和责任，我感到很羞愧和内疚，所以委婉拒绝了客户的好意。我相信雷格特人。我认为雷格特肯定能保质保量完成项目，我们一定能把这口气争回来。事实证明，我们做到了！"王建强一边回忆，一边自豪地笑着。

北京票改二期：挑战不可能，再创新奇迹

从 2010 年成立以来，经过几年时间的打拼，雷格特已经走过了艰难的生存期，从 2015 年开始慢慢迈入事业发展的转型期。

在转型期，已经有了一定业绩积累并在业内有了一定声誉的雷格特承接了许多大型项目，其中 2017 年北京地铁票制票价改制二期项目，就是这一时期的巅峰之作。

项目由来

早期北京地铁 AFC 系统的闸机等设备都是从国外引进的技术，不仅价格昂贵，所使用的 AFC 系统也不一致。由于这些设备是分别从不同的外国企业引进的，包括法国泰雷兹、韩国三星、日本欧姆龙、日本信号等的系统。当初在建设时，为适应争取时间、大干快上的建设速度，加上对 AFC 系统这个新生事物缺乏认知，也为了让更多参与者能够相互竞争，北京地铁在不同线路引进了技术体系不同的多家外资机构来参与 AFC 系统建设。当时，项目的合作方式多为定制，即这些中外合资公司定制一个 AFC 系统来满足北京地铁的需求。这从地铁建设建设角度来讲有速度上的优势，但却给后期的运营管理带来了无穷无尽的麻烦和困扰：一是各个线路的不同系统之间没有统一标准，缺乏兼容性，不能互联互通，维修保养非常困难；二是由于国内 AFC 系统技术的进步以及相关企业的迅速崛起，当初参与建设的外资或中外合资企业陆续退出中国市场，导致地铁业主在后期运营过程中，出现故障后售后服务难以为继。

随着时间的推移，原有的北京地铁线路的运营体验每况愈下。王建强解释道："比如你想要更换一个装备配件，却发现不可应用于这条线路，必须核查是这条线路的原有配件是哪个厂家做的，厂家还是否还存在？因为它是个系统集成厂家，配件可能是从日本、美国，甚至是欧洲的某个零件厂买过来的。然后，你再换个配件，又得循环这个过程。所以，这是非常糟糕的运营体验，也是因为这个原因，才有了票制票价改造二期的项目。”其实，王建强在泰雷兹熊猫工作的时候，就有着这样的念头：希望对北京、上海等早期地铁线路进行整体的标准化改造，使一些设备的零部件国产化。当然，他最大的愿望是做成软件的标准化、硬件标准化和模块标准化，从而实现 AFC 系统的整体标准化和全面的国产替代。直到雷格特中标北京地铁票改二期项目，王建强的梦想才真正走向了现实。

正是因为面临了运营维护的困境，北京地铁才启动票制票价改造二期项目，希望通过标准化改造，能够实现 AFC 系统的软件标准化、硬件标准化、模块标准化，从而降低后续的维护保养成本，提升运营管理效率。

基于“路网标准化”的改造目标，北京地铁遂招集协调原系统集成商来共谋此事，把北京地铁原有的各个不同线路的封闭系统通过票改一期和二期两个项目，实现软件系统、硬件系统的标准化。雷格特所参与的，是北京票制票价二期项目，即硬件设备国产化、标准化的项目。

获得项目

雷格特能够获得如此大的北京地铁票改二期项目订单，并非出于偶然，而是全体雷格特人长期不懈努力辛勤耕耘的结果。

一是雷格特经过几年的拼搏，已经成功地用项目业绩树立了自己的行业信誉和地位。

二是在此之前，雷格特与北京地铁已经有过多次成功的合作，从2010年最早的北京移动检票机项目，2012年的北京地铁1号线、2号线和八通线的车站AFC系统设备改造项目，2013年地铁7号线的AFC系统设备项目，2014、2015年北京地铁14号线、16号线屏蔽门项目，2016年北京地铁16号线卡模块项目等，双方已经通过系列合作建立了互相信任的伙伴关系，获得这一项目是顺理成章。

三是雷格特公司的独特优势。这其中有民营企业合作灵活性的优势，关键是有专业团队，对闸机等AFC设备有着深刻的理解，有对项目改造的经验，知道如何高效地现场拆解、安装设备而不影响系统运营，还有一个长期的售后服务的优势，这些都是其他公司很难同时具备的条件。

四是通过产品以及售后服务所表现出来的诚信品质，使雷格特具备了获得项目的独特优势。在以往合作的多个项目中，雷格特人给客户留下了愿意干事、能够干事、能干成事的印象，从而滋生了让人放心的信赖感，在中国人特有的重视情感因素的作用下，使得在合作利益之外，又获得了超越利益的情感纽带价值。

就这样，经过前期多次交流商谈，雷格特于2017年2月、4月、7月先后获得了北京地铁13号及机场线二期改造、地铁5号线二期改造、北京轨道交通移动互联网二维码取票机设备采购三个项目的合同，项目总金额达1.6亿元。北京地铁5号线为一个合同标的，13号线和机场线为一个合同标的，均属于"北京地铁AFC二期改造工程"。北京地铁票改二期项目整体标的大，工期短，项目复杂，需要多线路同时作战。这个项目对于雷格特来说，无疑又是一次全新的机遇和巨大的挑战。

项目的复杂性

北京地铁票制票价二期改造项目，是雷格特所获得的一个空前的大项目，也是一个时间紧迫、工作内容极为复杂的项目。

第一，这个超大改造项目参与公司众多，关系复杂。因为是现场改造，要求各参建单位之间有极高的配合度。对于项目实施来说，雷格特团队不仅要做好内部的协调，还要做好与其他公司的外部协调。

第二，工作内容复杂。这两个项目，涉及旧线路设备的改造，会遇到难以预料到的突发问题，而且合同规定，既有设备改造要利用旧设备原有的内部模块。利旧模块拆卸后，需要发往雷格特的苏州工厂安装、调试，然后再发往北京，这个往返过程至少需要 8 天。这无疑会延长项目改造时间，需要增加更多的工作面、更多的人力来确保按时完工。

第三，项目涉及的产品种类多。除了常规的自动检票机、自动售票机、半自动售票机外，还增加了互联网取票机产品。另外，在北京地铁机场线、地铁 13 号线上使用了雷格特自制的扇门产品，而且在北京机场线、地铁 13 号线、5 号线这 3 条轨道交通线上的 AFC 系统设备全部更换为雷格特自制的卡模块产品。这不仅是对公司整机产品、模块产品的稳定性与可靠性是个极大的考验，而且对公司的物料供应、生产能力、协调管理能力也是个极大的考验。

第四，施工程序及配合度复杂。这个项目是针对运营中的地铁线路进行改造，不能影响线路的正常运营，必须在当天地铁运营结束后开始施工、次日运营开始前结束，每天在车站现场的有效工作时间仅为凌晨 0 点至凌晨 4 点半。在这有限的 4 个半小时内，要通过人工方式完成新设备搬运下站、旧设备拆卸及搬运出站，进行新设备的安装、接线、通电、调试等工作，地铁运营开始前还要清扫现场，现场每个人的分工必须非常清晰、相互之间的配合必须非常顺畅，每个环节必须无缝对接，对人员素质和能力提出了极高的要求。为了降低现场施工对车站正常运营的影响，以及场地工作面限制，每个地铁站厅改造需要分 4 次进行，每次改造每种设备的 1/4 数量。正常情况下每批次设备改造，至少需要 1 天旧设备拆除及新设备安装、1 天设备调试、1 天验证是否运行稳定，方可进入下一批次设备改造，每个车站改造完成至少需要 12 天。要想在 3 个月内完成改造，5 号线 23 个车站至少要同时改造 3 个车站。这对于物流运输组织、设备搬运人员组织、设备拆卸及安装人员组织、设备调试人员、设备运营保障人员组织来讲，困难可想而知。而且，每个工作面需运营单位、监理单位、施工单位、集成单位等多家单位的共同协调配合，对于整个项目的组织实施更是增加了难度。

超大的工作量、时间的紧迫性以及项目的复杂性，对雷格特来说是一个空前未有的挑战。正是这些困难的存在，在前期讨论这个

图 5-5　票改二期售票机设备人工下站

图 5-6　票改二期闸机设备人工下站

图 5-7　多单位合作现场

项目时，大家都觉得按照雷格特当时的能力，无法满足客户的需求，几乎所有的人都想打退堂鼓，但王建强力排众议，一再坚持，最终确定承接全部项目。公司还专门召开了一次全体员工的动员大会，非常隆重地启动北京地铁二期票改项目（图 5-5 ～图 5-7）。

项目实施

从 2017 年 3 月 16 日到 3 月 27 日，雷格特开始了第一次项目设计联络，同步进行现场勘查，正式启动项目，由曹东平、李其其牵头负责项目，由新成立不久的售后保障部刘正淋负责现场施工。3 个项目同时启动了大规模的物料采购、到货、检验以及生产工作，整个公司迎难而上，应对项目的挑战，想方设法地解决项目所面临的各种问题。

针对利旧模块拆卸运回苏州工厂安装耽误时间的问题，公司决定在北京建立临时工厂，利旧模块从车站拆卸后直接发往北京工厂，待苏州公司总部完成设备基本组装发往北京临时工厂后，再装上利旧模块，并完成最终设备调试，以节省利旧模块在路上的往返运输时间。

为了解决 3 个月内完成 23 个车站改造施工必须同时面对至少 3 个车站的问题，公司在北京临时工厂搭建了模拟车站环境，每台设备都完全按照地铁车站的实际要求完成系统配置、压力测试等工作。经过不断尝试及运营单位的支持，施工团队最终实现了当天地铁运营结束后设备下站，次日运营开始前投入使用。这在国内轨道交通 AFC 系统领域内属于第一次，成功实现了车站设备改造项目的无缝切换运营。

现场施工人员不敷所需是一个大问题。当时负责项目执行的售后保障部只有 5 个人，远远不能满足施工需要，现场急需用人，公司也想了各种办法招人。负责人刘正淋到处联系曾经合作过的客户、朋友等，四处借人。为了提高招聘效率，刘正淋与人力资源部沟通后，将应聘简历的投递邮箱直接改成自己的。在北京那段时间，刘正淋每天深夜工作汇报完后，除了要规划第二天的工作，与公司内部进行工作沟通，还要进行简历筛选、面试安排。后来，他们与 AFC 系统售后服务公司——北京锦源汇智科技有限公司进行合作，锦源汇智公司支持了 30 名工作人员，满足了现场施工需要。等到项目完成时，成立不到 1 年时间的售后保障部从最初的 5 个人扩大到了最多时的 46 人，可见北京票改项目工作量的庞大，以及现场工作的不易。

在实施项目过程中，雷格特人勇敢地面对挑战，克服了各种各样的困难。他们在北京海淀区西二旗租赁的临时工厂和仓库（图 5-8），生活和工作条件都十分恶劣，夏天经常会停电，但他们并没有因为这些而影响施工质量与进度。

图 5-8　北京海淀区西二旗仓库

在苏州公司总厂，当时正值梅雨季节，虽然厂房内有空调，但依旧闷热无比，员工们开着风扇，依旧汗流不止，无论遇到什么困难，也无论多晚，每天都要保证完成固定数量的设备。为了核实每种设备的项目物料，曹东平每天晚上都要开会，核实当天工作，核对第二天所需的设备物料，每天都要加班到晚上 10 点钟才回家。经过雷格特全体成员及外协人员近 3 个月的努力，终于完成了北京票改二期项目。北京机场线、地铁 13 号线、地铁 5 号线先后于 2017 年 9 月 20 日、10 月 11 日和 10 月 16 日开通，雷格特创造了地铁业内 AFC 设备现场安装到正式运营仅 5 小时的速度！北京互联网取票机也于 2017 年 12 月 26 日开通试运营，至此，雷格特圆满完成了北京地铁二期票改项目。

当然，除外收获之外，北京票改二期项目也有教训。在北京地铁 5 号线第一个车站更换第一台闸机时，闸机底部接线孔位与地面的出线孔不吻合。当时，大家已经辛辛苦苦地将设备抬下了地铁站内，发现孔位偏离后，立即组织人员把设备拉回工厂重新开孔。当把重新开孔的设备再次运回现场进行安装时，他们又大吃一惊，其实只有那第一台闸机下面的孔位不对。由于当时没有全面排查，就匆忙地将闸机拉回工厂，结果就出现了这种低级错误，更是耽误了工期。从此之后，他们便汲取教训。在后续线路设备改造中，设备接线孔位与地面出线孔位不一致的现象其实并不少，他们先整体勘察，待整体弄清楚设备接孔部位后再反馈至工厂，避免重复发生类似的错误事件。

担任该项目总监的曹东平回忆道："自 2017 年 6 月首站供货外，在当年完成所有线路的现场改造业务并且顺利开通，时间非常紧张。特别是北京地铁 5 号线是夜间完成旧设备拆除、新设备开通、新设备调试，在早班时间就完成正式运营，在短短四五个小时内完成了 AFC 行业现场施工环节不可能完成的任务，这离不开我们售后现场人员前期详细的施工方案策划、过程缜密实施、现场高效组织及不畏困难的精神。”

在票改项目结束后，雷格特公司的整体实力得到了很大的提升。刘正淋也给了自己一个答案：“现在公司对售后保障团队寄以厚望，希望能够从 OEM 到 ODM 再到提供服务转型的战略发展路径上，通过我们能够把雷格特的匠心服务形象展示出来，承接更大的工程，提供更专业化的服务。为此，我既倍感压力，也充满自豪和信心！”

项目成果

雷格特不单单是圆满地完成了项目，更通过不断创新和优化的技术为设备改造做出了贡献。

雷格特项目团队应客户的需求，通过技术创新，实现了闸机模块体积的缩小。作为人口突破 2 千万的人口密集型城市，北京的地铁乘客流量极大，而且寸土寸金，因此北京地铁公司一直希望能够实现在同等空间铺设更多的闸机通道，以便提高乘客通行效率。针对这个客户需求点，雷格特着手进行闸机体积缩小的创新研究。

受限于当时的技术水平，这被认为是一个不可能完成的任务。当雷格特接手时，也没人相信其能够做成。在此之前，雷格特也曾做过体积小于常规的模块，但这次北京地铁业主期望的闸机体积更小，所面临的困难和挑战也随之增大。在研发过程中，雷格特技术团队设计制作了独特的扇门模块，扇门长度缩小到 165 毫米、闸机宽度从 200 毫米降到 180 毫米。而且，为了不影响其余模块的正常运作，在加强筋的作用下，雷格特将闸机机箱折弯后的翻边部分从 20 毫米做薄到 10 毫米，使闸机整体质量得到了保证。

在项目改造过程中，除了在闸机扇门改进有突破外，雷格特针对新技术与老设备衔接不稳定的问题，也进行了相应的改进。

在机场线上，他们遇到了闸机设备故障件数突增和闸机高温的情况。技术团队一方面尽快安排机场线 T3 站 TVM 空调的安装工作，并提供针对性的解决方案，另一方面整理检测中心实验室的问题，更新跟踪表，为客户提供尽善尽美的服务。

在地铁 5 号线上，他们优化了自动售票机内部的结构布局，使其重量从原来的 330 千克减轻到了 270 千克；确定了自动检票机身高检测传感器的高度检测范围，体现人性化设计；更换或新增纸币接收模块，降低了设备潜在的老化故障风险等。

北京票改二期项目的顺利完成，让雷格特团队在中国 AFC 行业树立了“敢打仗，能打战、打硬仗”的铁军形象，不仅为雷格特带来了口碑和声誉，也锻炼了设计研发和售后队伍，为后来雷格特在全国范围内遍地开花的闸机二维码改造项目也奠定了坚实的基础（图 5-9 ～图 5-10）。

图 5-9　北京票改二期开通运营

【北京地铁不用排队买票了 明年一季度实现全路网扫码进站！】12月23日起，北京轨道交通全路网19条线所有车站均实现线上购票、车站取票，即乘客通过“易通行”APP进行线上购票，可在全路网各车站自动取票机上取票、进站乘车，免去了乘客长时间排队购票的麻烦，缩短出行时间。据介绍，在该平台APP上买票，执行北京地铁票价政策。北京地铁计划于2018年一季度在全路网范围内实现刷二维码进出站！（王佳昕）

图 5-10　中国新闻网关于北京改项目的报道

西安二维码改造：另辟蹊径，绕道中继模块

犹如每颗经历海潮的沙粒都有潮湿的痕迹一样，每一个行业，每一个企业，乃至每一个人，都会打上时代的烙印。轨道交通 AFC 领域也不例外，这个看起来似乎技术相对独立的行业，也免不了时代大潮的影响。进入 21 世纪第二个十年，互联网大潮就给这个行业带来了不能忽视的影响，尤其是二维码扫描技术直接改变了人们过闸乘车的费用支付方式，引起了国内地铁 AFC 系统进行二维码改造的潮流。

互联网支付手段在人们日常生活中的运用以及逐渐普及，手机二维码的扫码支付也逐渐渗透到轨道交通 AFC 系统领域，并且，随着互联网支付的兴起，蚂蚁金服、腾讯以及银联、交通部一卡通等"国家队"也陆续加入战局，增加二维码支付功能，成为这个传统行业的迫切期待和创新爆发点。

从投资方来说，二维码扫码过闸乘车方案，是指互联网公司等资方直接与地铁公司达成战略合作，通过无偿提供资金向 AFC 系统设备厂商提出闸机二维码支付改造需求，实现乘客可以直接用手机扫码乘车的功能，收取的乘车费用属于地铁公司，但暂时存储在资方平台，额外产生的资金收益则归属资方。这种商业模式形成了前所未有的"四赢"局面，即地铁公司勿需直接投入资金，即可实现车站 AFC 系统设备的二维码改造；乘客省去了刷卡的麻烦，可以直接用手机刷二维码过闸进站乘车，或下车出站；投资方则可因暂时存储于平台的现金流获得资金收益；AFC 系统设备厂商则获得了二维码改造项目订单，从项目改造中获得收益。

从 AFC 行业的厂商来看，二维码乘车是指通过升级传统地

铁闸机，对其端盖进行改造，接入扫码模块；改造后的闸机将配备扫描器的条码识别、采集和数据传输性能，并且与电子检票系统、移动支付系统实时对接，以拓展手机“扫码过闸”“扫码支付”等增值服务。

而二维码接入后，将对地铁的清分系统形成威胁。地铁清分中心集中控制整个 AFC 系统运营、票务管理、内外统一清算等功能，为各线路运营商每日运营管理提供客流量、营业收入等基础报表信息，定义时间、通信、设备状态等各项参数，是整个 AFC 系统的经营管理核心。如果直接接入移动支付设备，其安全性将会大大降低，需要集成商进行软件系统的更新改造，这将是个不小的挑战。但与追随时代潮流、迎合乘车需求的重要性比起来，这种挑战就是一个必须克服的困难，即使困难再大，也要克服，于是，便有了各城市地铁线路二维码改造的浪潮。

西安市地铁线路准备进行二维码改造时，业主本是与武汉小码联城科技有限公司（以下简称“小码联城”）合作的。但是由于小码联城本身是一个专注金融相关产品的企业，对于轨道交通行业熟悉不够，在车站 AFC 系统设备接入二维码的改造中，需要再由其他专业公司做设备改造工作。他们首先尝试了与线路建设的集成商联络，进行报价和交期的协调。

价格是由市场决定的，当时的二维码改造作为一个行业新热点，很多公司都认为是有利可图的，于是要价不菲。并且，西安市政府当年的目标和硬性要求便是希望能在年底开通。在这样严苛的条件下，集成商们纷纷给出了每个地铁站超过百万元的改造报价。

当时，西安地铁 1 号线的集成商是华虹计通，2 号线是方正国际，3 号线是三星 SDS。对于业主而言，这将是一件十分头疼的事。在万般无奈的情况下，小码联城通过智元汇找到了雷格特。雷格特提出了一个创新方案：跳过原有多个集成商复杂不一的控制系统，直接控制扇门。

雷格特的创新解决方案实施路径为——剪断与扇门直接连接控制的工控机，中间加入一个新的控制器，在保证新的控制器和工控机仍然保持直连的情况下，再加入支付的二维码功能。这个模块就叫做中继模块。

在进行中继模块的开发时，雷格特分为了两步走。首先，先在公司完成底层的调试，细化成可操作的任务，完成中继模块和工控机的直连。这部分调通后，再到实验室现场和小码联城共同进行二维码的软件调试。

紧张的工作井然有序，研发和调试工作在 11 月底进入了尾声，12 月初便开始了正式的线路改造。由于小码连城与雷格特的合同签订得较晚，留给雷格特的时间并不多。除去打样、开模等时间，留给改造的时间，只有十余天。

要赶工期，就必须要增加人手。当时雷格特北京地铁票改二期项目尚未结束，内部人手调配不过来，外部招聘又招不到人。刘正淋也尝试在西安本地借人，但最终未果。幸好一家即将和雷格特开展合作的石家庄公司抱着学习的目的，同意派人手前来参与。就这样，相对完备的项目实施团队才算是建立了起来。

紧接着便是解决物料的问题。物料的准时抵达是改造计划顺利进行的基本保障。那段时间，客户天天催着刘正淋监督进度，开会到深夜也成了家常便饭。为了抢进度，客户甚至愿意增加投资、改用成本较高的机加工件进行改造，以保证项目进度。看到客户的理解与让步，雷格特所有参与项目的人员都意识到，只有更加努力，才能给客户交上一份满意的答卷。于是，大家紧盯着供应商，以确保开模顺利。

图 5-11　西安二维码改造现场

和北京票改项目一样，西安的二维码改造项目也只能在晚上 11 点到凌晨 5 点之间进行（图 5-11），并且这本就不宽裕的 6 个小时还要抽出 2 小时进行测试，以验证改造的质量。面对昼夜颠倒的作息制度和巨大的工作强度，只能利用碎片时间休息的项目负责人刘正淋十分疲惫。但是为了不辜负公司的信任和客户的期待，刘正淋丝毫不敢松懈，他日以继夜一心扑在工作上。

由于参与项目的大部分人员没有改造项目的经验，也从未在地铁站现场经历这样持续日夜颠倒的工作安排，因此，这个项目的工作难度和压力也大大超出了想象。

值得一提的是，在不断的测试中，还需要解决随时暴露出来的新问题。由于雷格特研发生产的中继模块直接绕过了集成商的系统，在接入后难免会因为与原软件系统不能充分匹配而发生问题。当时，西安地铁 1 号线出现了工控机死机、西安地铁 3 号线出现了读写器故障等问题。为了切实解决客户问题，雷格特首先与集成商紧急沟通，但由于此时已经过了软件系统的质保期，集成商方面也不愿意配合做调整。于是，雷格特只能自己想办法，确保发生故障的频率无限降低，减少对实际使用的影响。

好在，雷格特顺利地做到了。例如西安地铁 3 号线的读写器故障，雷格特首先用包括磁场辐射监测在内的多种监测手段进行了情况分析，最后采用增加磁环、形成磁屏蔽的方法，通过磁场防护的手段，大大降低了读写器的故障风险。

西安二维码改造项目作为雷格特 2017 年的收官作品，从订单确认到 12 月底顺利开通（图 5-12），仅仅花了两个半月时间，获得了支付宝客户以及业主的交口称赞，使雷格特公司的核心竞争力从设计能力到供应链供货能力也提升了一个台阶，为后续的类似业务提供了强有力的保障。有了西安地铁二维码改造的成功案例，雷格特随继又先后获得了成都、南昌、苏州、郑州等城市的地铁二维码改造项目，公司在行业内的地位，也以成功的项目作为阶梯，在不断积累中日益上升。

西安二维码项目实施过程中包含着许多血汗的回忆和胜利的喜悦。雷格特人无惧任何挑战和难题，始终能够变通思路，创新方法；在前行的道路上，在每一个充满挑战的项目中，雷格特人勤于思考，任劳任怨，想客户之所想，急客户之所急，为客户提供臻于至善的解决方案和精益求精的产品服务。无惧挑战，积极进取，不断创新，不懈奋斗——这是十年来，雷格特人不断传承下来的雷格特精神。

图 5-12　西安二维码改造开通运营

第 6 章
塑造品牌，开启未来（2018—2021）

以领航者的风范，勇于担责，塑造有口皆碑的雷格特品牌。以开创者的身份，锐意创新，引领行业发展方向。一次次开创奇迹和传奇，一次次绽放骄傲和荣光。每一个项目都是雷格特事业的美丽风景线，每一个雷格特人都是逐浪未来的坚强后盾。

苏州地铁 3 号线：服务臻于至善，产品精益求精

改革开放以来，苏州以高新技术产业为引擎，快速发展成长为领秀长三角的新一线城市。

与发达的经济实力，千万以上人口数量相对应的，是苏州成熟配套的现代化公共交通。苏州是我国第一个正式投入地铁运营的地级市，苏州地铁的建设规划，可比肩一线城市以及二线的省会城市。截至 2021 年上半年，苏州轨道交通已经开通了 5 条：1 号线、2 号线、3 号线、4 号线及其支线和 5 号线。目前仍在建设中的线路有：6 号线和 S1 线等。雷格特作为立足苏州本土的 AFC 设备研发制造企业，参与了苏州地铁 1 号线、2 号线延伸线、3 号线以及 5 号线。

苏州地铁 3 号线起于苏州新区火车站，止于唯亭。苏州地铁 3 号线项目是雷格特与浙大网新于 2017 年 10 月签订的合作项目，雷格特负责苏州地铁 3 号线 AFC 设备的研发生产、调试和维保服务。

整个项目历时两年半左右，2017 启动了样机的设计生产，历时两次打样，雷格特任命姜霞为项目计划经理，专门负责与客户

对接。委派专人与客户对接也是客户提出的要求。

最初，雷格特从多个部门提拔了业务能力、协调沟通能力以及组织能力强的人才担任项目计划经理，负责各个项目的管理控制和进度安排。但是，由于每一个项目的实施，需多个部门的沟通协调，项目计划经理的工作压力非常大，多部门沟通协调不畅容易导致项目推进的效率低下，客户的满意度降低。

2017 年，周超加入雷格特担任总经理，他对雷格特的组织架构进行了调整优化，并正式提出“项目计划经理”岗位设置的构想，项目计划经理一般由部门经理兼任，在跨部门工作沟通协调时，部门经理对内拥有部门内沟通的便捷优势；对外，也能快速调配公司内部资源，高效地跨部门沟通，从而积极应对项目的突发状况和个性化的客户需求。

姜霞回忆道：“为高效解决、快速响应客户提出了要求，并且客观严格地督促工作计划的实施，及时向客户反映真实的状况。周总找我做了详细的沟通，并跟我强调了 20 字箴言：‘管理前置，信息扎口、过程监督、异常处置、绩效评估’。根据周总的指导，我形成了管理前置和提前做项目策划的思路，并全面接手项目对接的相关准备工作。”

姜霞担任苏州地铁 3 号线项目计划经理，迅速点燃了新官上任的“三把火”——其一，与技术经理沟通，详细了解项目情况，项目进展和项目中亟待解决的问题；其二，跟大客户经理沟通，了解合同情况，特别是客户对接人、浙大网新苏州地铁 3 号线项目经理陆志忠的相关情况和工作要求；其三，在合适的时机与客户建立良好的沟通和联系，提升信任度和默契度。当时的姜霞正好赶上了项目样机的发货，她认识到样机发货是一次和客户沟通的契机，必须周到安排，好好把握建立信任的第一步。于是姜霞迅速协调内部人员，详细了解样机的状况，和对方的收货人及时对接，提前一天顺利完成了样机发货的所有对接工作和相关安排。这给客户留下了说到做到，认真负责的好印象。

为更加稳步有序地推进该项目，姜霞根据项目阶段和公司的产能排布制定详尽的项目计划，并按照计划进行监督管控和各种风险预判。因为计划实施效果和客户体验不错，总经理周超多次给予肯定，并要求姜霞和同事分享经验。

姜霞说："在客户要求的项目周报方面，我也是一直坚持了周汇报，从第一周周报汇报一直坚持到第 91 周（图 6-1），历时 637 天，设备交付现场后，售后接过了交接棒，继续每周定时汇报，遇到节假日也会向客户及时告知放假时间等，确保无一遗漏。"值得一提的是，姜霞一直在优化周报的汇报格式以及内容的表述逻辑，力求让客户更直观地了解项目进展状况和各种风险。考虑到陆总年纪稍大存在眼睛老花的可能，姜霞还特意将字体放大，汇报内容也更加简明扼要和清晰直观。项目执行过程中，意识到自己项目管理经验尚不成熟，姜霞也多次主动跟周总和陆总虚心求教，从而学到了很多项目管理的经验。

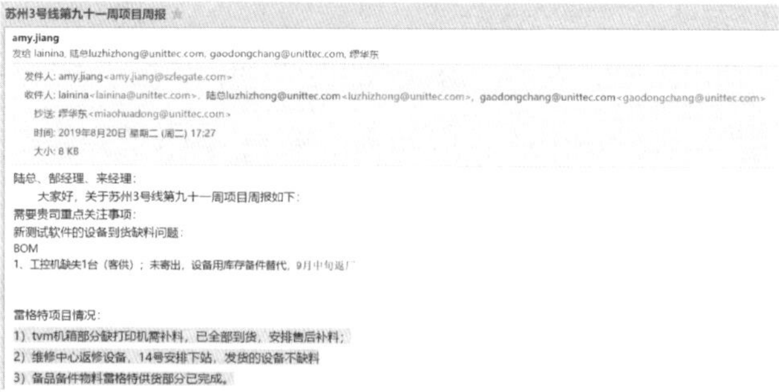
苏州3号线第九十一周项目周报

amy.jiang

发给 lainina, 陆总luzhizhong@unittec.com, gaodongchang@unittec.com, 缪华东

发件人: amy.jiang<amy.jiang@szlegate.com>

收件人: lainina<lainina@unittec.com>，陆总luzhizhong@unittec.com<luzhizhong@unittec.com>，gaodongchang@unittec.com<gaodongchang@unittec.com>

抄送: 缪华东<miaohuadong@unittec.com>

时间: 2019年8月20日 星期二 (周二) 17:27

大小: 8 KB

陆总、部经理、来经理：

大家好，关于苏州3号线第九十一周项目周报如下：

需要贵司重点关注事项：

新测试软件的设备到货缺料问题：

BOM

1、工控机缺失1台（客供）；未寄出，设备用库存备件替代，9月中旬返厂

雷格特项目情况：

1）tvm机箱部分缺打印机需补料，已全部到货，安排售后补料；

2）维修中心返修设备，14号安排下站，发货的设备不缺料

3）备品备件物料雷格特供货部分已完成。

图 6-1　苏州地铁 3 号线第 91 周项目周报

考虑从设备交付现场到地铁线路正式开通还有半年左右的时间，因为地铁站厅还在装修，为了避免装修粉尘对设备侵蚀，陆志忠提出了对设备里关键模块的制作防尘罩（图 6-2）的要求，希望既能保护设备，又不影响调试设备。因为关键模块防尘罩是首次在地铁 AFC 设备中应用，雷格特于是用征集令的方式悬赏解决方案，既满足了客户要求，又能提升了设计团队的创新活力。最终，完美解决方案在征集过程中脱颖而出，并组织相关的技术人员设计、采购，打样出了既便宜又实用的防尘产品，解决了设备调试阶段的粉尘污染问题，目前这个方案依然在苏州的地铁项目里沿用。

在和浙大网新合作时，陆志忠的敬业和细心给姜霞留下了十分深刻的印象。陆志忠希望能把苏州地铁 3 号线打造成为一个精品项目，很多事情都是亲力亲为。在设备生产过程中，陆志忠曾多次抵达雷格特参观考察。每次前往会议室听取雷格特项目相关人员汇报工作前，他总会特意前往厂房环视一圈了解现场的进度，经验老到的他于是在心里就有了底。在开会时，

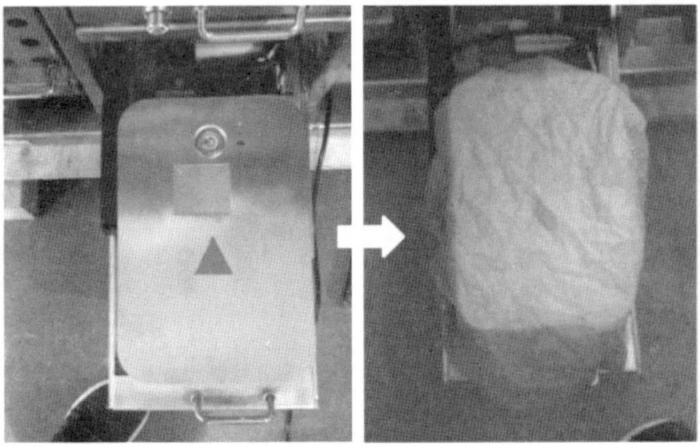

图 6-2　苏州地铁 3 号线防尘罩

就会有的放矢地针对汇报内容提出建议和意见，防止出现纰漏。

陆志忠严格的监督和要求，促成了雷格特臻于至善的匠心和精益精益的生产工艺。陆志忠期望苏州地铁 3 号线的每一个设备都质量上乘无可挑剔，所以，他对于设备尺寸的要求更加精准，对工艺细节的追求更加严格。每一台闸机，陆志忠都希望是完美的艺术品。

AFC 系统设备的业主一般为各城市地铁公司，地铁公司领导在检查验收过程中通常的关注点，主要集中在整体外观的工艺、操作面板的灵敏度等方面。但是，作为内行专家的陆志忠则会着重关注专业化的细节：门缝是否均匀、闸机边的拉丝是否均匀、闸机外表有无污点等。在初步验收后，他对于设备的调试也毫无松懈。从设备的软件、硬件的调试到消防验收，从车站级调试包括的紧急按钮控制箱、车站服务器、配电器、变压器等的安装，到产品的保护措施都一一核验检查。

姜霞感慨道："这样严苛和追求完美的客户，对于雷格特来说，是一种严峻的考验，更是一种历练和成长，使雷格特积累了特别宝贵的经验。"在雷格特全面推行产品的标准化后，将稳定的技术配合精细的工艺，给客户带来更好的产品体验，也给雷格特迎来更多的业务机会和发展空间。苏州地铁 3 号线如此高标准严要求的合作，帮助雷格特积累了不断从细节出发优化产品品质的经验，更好地完善了质量管理和标准化生产体系。

"技术标准化，不是说产品就是千篇一律的，或者说产品只是外观换一下。不同的城市，不同的线路，会有不同的个性化特征，都有不同的工艺要求。但是无论什么要求和个性化的区别，内核的技术基石是不变的，这才是真正的标准化。"袁鑫说。

“这次项目经历，也让我快速成长起来。”从曾经公司里有口皆碑的采购经理兼职项目计划经理的华丽转身，对于姜霞来说，是又一次站在了全新的起跑线上。雷格特处于高速成长的阶段，姜霞也是。通过学习，通过尝试，她无惧改变，迎难而上。

在客户的严格要求下，在总经理周超细致耐心的指导下，在雷格特团队成员的共同努力下，苏州地铁 3 号线在 2019 年年底顺利开通，并收到了客户的表扬信（图 6-3）。这是雷格特和客户的一次合作共赢，苏州地铁 3 号线 AFC 项目的圆满完工，宣告雷格特征服了跨越发展新阶段的又一座巅峰，并且在苏州本土赢得了声誉，树立了良好的品牌形象（图 6-4）。

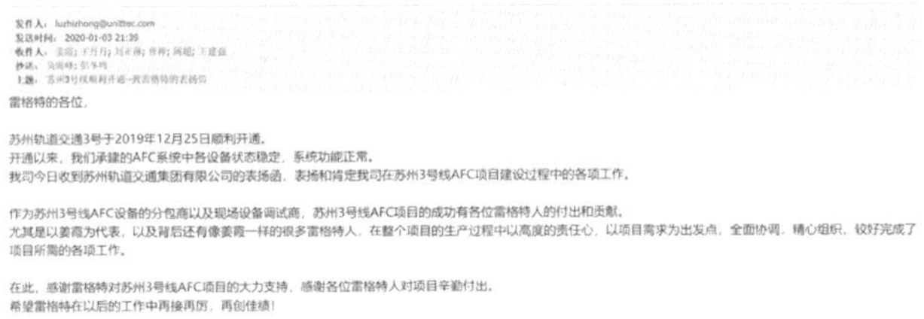

发件人：luzhizhong@unittec.com
发送时间：2020-01-03 21:39
收件人：[illegible]
抄送：[illegible]
主题：[illegible]

雷格特的各位，

苏州轨道交通3号于2019年12月25日顺利开通。
开通以来，我们承建的AFC系统中各设备状态稳定，系统功能正常。
我司今日收到苏州轨道交通集团有限公司的表扬函，表扬和肯定我司在苏州3号线AFC项目建设过程中的各项工作。

作为苏州3号线AFC设备的分包商以及现场设备调试商，苏州3号线AFC项目的成功有各位雷格特人的付出和贡献。
尤其是以姜商为代表，以及背后还有像姜霞一样的很多雷格特人，在整个项目的生产过程中以高度的责任心，以项目需求为出发点，全面协调，精心组织，较好完成了项目所需的各项工作。

在此，感谢雷格特对苏州3号线AFC项目的大力支持，感谢各位雷格特人对项目辛勤付出。
希望雷格特在以后的工作中再接再厉，再创佳绩！

图 6-3　苏州地铁 3 号线表扬信

图 6-4　苏州地铁 3 号线开通运营

北京机场线：锲而不舍，发现小童传感器的 Bug

随着轨道交通行业的快速发展，自动检票机让乘客能够方便快捷地通行，大大增加了人流量，优化了通行效率。一人一票一通道，疏散了人潮，顺畅了秩序，形成了地铁站内一道流动而有节奏韵律的风景线。

不过，有的时候，一次刷卡需要通过的不止一人——地铁站通常规定身高不足 1.3 米的儿童无须购票，这项优惠政策意味着当家长带领儿童乘坐地铁时，刷一张票可以同时通过两个人。

由于分布在闸机闸门两旁的漫反射传感器靠近门扇的位置，身高不足 1.3 米的儿童在安全盲区范围内，无法被安全传感器精准感应到。于是，在开关闸门的过程中，就可能存在儿童被扇门夹到的风险。

大兴机场地铁线是为配合大兴国际机场投入运行的地铁线路，这是一个事关首都形象的国家重大工程。因此设备商、系统集成商（地铁科技）、北京市轨道交通运营管理有限公司等参与建设、运营、供货的单位均倾情投入高度重视。值得一提的是，习近平主席还亲自出席了北京大兴国际机场的正式投运仪式。

为了保障儿童通行时 100% 安全，在北京新机场线的项目中，决定改善这个 Bug，特别增加了小童传感器，实现对身高 1.3 米以下儿童的探测功能，确保家长带着孩子一次性通过而无须担心安全问题。

光电式传感器有漫反射和对射两种类型。顾名思义，对射传感器是发射传感器发出的红外光线传输到接收器，通过有光和无光（遮挡）来检测，而漫反射传感器是当发射口发射的光源照射到目标再反射回来进行检测。检测身高不足 1.3 米的孩子时，通常采用的漫反射传感器的检测技术来实现物体的检测，再下达扇门暂不关闭的指令，漫反射的技术有几个固有缺陷很难突破，第一是斜射时形成的两端检测高度矮、中间检测高度高的三角形范围，很容易误检，此外，对黑色物体的检测率很低，容易漏检。对比来看，对射传感器的检测更为精准，但由于是直线检测，所以如果使用，闸机的高度就必须是 1.3 米，让闸机更为高大压抑，而且不易调整。因此，对于采用光电式传感器来检测儿童身高的方案都不是最优方案，很多业主为了好看采用了漫反射的检测方式，最终让儿童检测成了摆设。

当雷格特将安装了儿童传感器的固力保扇门安装之后，闸机却频繁出现了漏人的情况。雷格特于是立即着手排查问题的源头，并第一时间联系了扇门厂家固力保。固力保对自己生产的扇门质量极其自信，并十分笃定地向雷格特强调：在北京检测中心接受检测的同系列小童传感器样品，在多达 20 多万次的测试中，从未发生过漏人的情况。

于是，雷格特便开始反思自己在组装调试过程中的潜在问题，并组织大量人手仔细排查设备缺陷，进行了地毯式的检验和排查。雷格特的工程师从通信逻辑的整个链条着手，一一分析。传感器的质量、布局位置均查不出问题。随后又转向了信号采集的相关模块。通过逻辑分析仪采集 18 对传感器的所有跳变情况，也没有发现异常。一筹莫展之际，工程师们又找来日志，逐条分析。发现从硬件层面上，尽管每个信号都有反馈，但还是不可避免地发生了漏人情况。这几乎成了一个无法解释的谜。

负责检查的工程师陈峤回忆当时的情况，最深刻的感受便是绝望。陈峤说："我们每天晚上都以为自己找到了问题根源，然后进行调试，测试后没问题了十分欣喜。可是第二天检测中心的人复测时却又发现漏人了。就这样检测调试一直循环往复周而复始，仿佛陷入了一个死循环，团队里的每个人都备受精神折磨。"

后来，为了找出问题所在，大家百无聊赖之中开始尝试各种花式方法过闸机。有一天晚上，"大长腿"工程师周东想缓解大家的焦灼心情，故意夸张地摇晃着身体，并略微抬高些腿，以极其搞笑的姿势走过闸机时，居然出现了漏人的情况。"咦？怎么漏了？"周东立刻意识到是自己刚才走路姿势发生了变化，赶紧又用同样的姿势走了一遍，果然又漏了！陈峤立即抖擞了精神睁大了眼睛，通知现场的其他同事都来试验。果然在大家陆续采取了同样搞笑夸张的姿势跨过闸机时，又发生了多次漏人情况。为了精准再现"漏人关键流程"，他们甚至还在地上用粉笔描绘出了足印，进行了反复试验。最终，他们确认，搞笑夸张的走路姿势确实会导致漏人情况的反复发生。

当时已经是深夜 12 点多了，整个北京城已经悄然入睡，而雷格特的项目群里却"沸腾"了起来，经过详细分析和探讨，发现"漏人"竟是固力保扇门通行逻辑软件的问题。团队中的每个人心里都是五味杂陈，既有调试过程的辛苦和辛酸，也有后来锁定问题根源的欣喜和欣慰。

"当时，作为行业新兵的的雷格特，能够测试出行业领军企业都疏忽了的技术 BUG，实属不易，也倍感振奋。那段时间，我每天神经都高度紧绷，几乎都处在崩溃边缘了。好在最终问题症结水落石出，也顺利找到了解决方案，这个过程对于雷格特的技术提升也有促进作用。"陈峤反思总结道。

成都二维码改造：争分夺秒，与时间赛跑

雷格特一直认为，更自由更有秩序的出行方式是未来轨道交通的发展趋势。因此，在二维码支付的方式来临前，他们也曾做过自我创新的尝试。

不同城市的地铁票卡不通用，人们到了一个新的城市时，购买地铁票时可能遇到没有现金、排队长等麻烦。捕捉到这一痛点后，雷格特提出了二维码兑票机设备的方案。这样，乘客可以通过公众号或 App 购票，然后在二维码兑票机上取票，从而节约时间，方便出行。

为此，雷格特在 2015 年推出了“土行孙”互联网 + 地铁购票项目，也在苏州大力推广过。不过，雷格特也清楚地认识到，二维码兑票机不过是一个迎合需求解决短期痛点的中间过渡时期的产品，而非最终形态。地铁系统有一套完善的清分系统，如果网络支付要接入，则需对整个系统进行完善，否则就存在网络风险。在网络支持再次为轨道交通搭筑起厚厚的支付安全堡垒之前，二维码兑票机不仅可以便利乘客，还可以为后续的二维码支付搭桥助力。

因此，当二维码改造的机遇来临时，雷格特人很快看清了未来发展的方向，他们不仅敏锐地嗅到了商机，而且把握住了机会的命脉：速度。

二维码改造项目的特点可以用三个字来描述：短、平、快。如果说存在一个轨道交通行业的热搜榜，那二维码改造就是其中的热点，而哪个城市能够率先走在前面，便能拔得头筹。因此，在 2017 年年初，每个运营地铁的城市都希望在二维码改造上加快速度。

业主在追求快速实现的时候，对于成本的控制要求是相对宽松的。在这个阶段，也可以说是业务利润率比较大的增量时期。

并且“快”的含义除了改造速度快外，还有整个产品的生命周期短的含义。机遇和风口都是有时间期限的，一旦既有线路的改造基本完成，之后的新设备已经全部自带二维码，留给企业的机会就少之又少。因此，这个看起来量大、时间短的项目，就是一场拼手速的抢夺战，二维码改造市场的盛宴已经摆在各企业面前，关键的问题就是到底谁能抢得先机，拔得头筹。

在成都二维码改造项目实施过程中，为了提高改造速度和效率，雷格特也做出了大胆创新和全新的尝试。在产品生产上，雷格特首次采用了喷漆工艺来争分夺秒。

成都地铁公司在建设地铁时为不同的线路选定了不同的颜色，增加地铁线路的辨识度。但在进行二维码改造时，颜色的不同却带来额外的难度。由于二维码改造工程的主要任务是更换闸机的端盖，而端盖的颜色必须和原设备的颜色保持一致，粉红、正红、黄色、绿色……七彩斑斓的端盖在进行颜色加工时，必须将颜色色差度调整至规定范围内，势必需要花费更多的人力和时间。

由于客户的交付时间非常紧张，要求在 12 月 31 日前交付，以迎接元旦、春节人流高峰。所以，这个项目留给雷格特的只有两个月时间，通常情况下，做一个闸机端盖，光开模就需要花费 45 天的时间，这还不包含调整色差的试模时间。电子喷漆是比较传统的配色方式，但是此时又没有原来的色号配方，即使只差一丁点儿，也会“差之毫厘谬以千里”的状况发生。不过，如果必须从传统思路去使产品优化，去满足每一个不同订单的特殊需求，那么恐怕直到今天中国还没有自动售检票机。为了争取时间，雷格特不断对色差进行纠正（图6-5），采用了喷漆的方式。供应商那边，一组负责注塑生产，另一组负责喷漆，端盖的外观颜色在精密色差仪的测试下，调到了无限接近原来的颜色后，再留下部分样品作为下一批生产的标准。这样的统筹规划，为现场操作争取到了宝贵的时间。

图 6-5　成都二维码改造端盖颜色纠偏

在落实改造时，由于有了之前北京票改的经验，雷格特十分得心应手、轻车熟路地给出了二维码改造的方案。

最终，在二维码改造的这片日新月异的市场中，雷格特抢占了先机。后来北京地铁的二维码改造中，雷格特也是一骑绝尘，将九条以上的线路改造项目顺利收入囊中。

能够抢占先机抓住机会，不仅仅是由于雷格特对于时机的精准分析和把握，也是雷格特面对挑战时的迎难而上坚决果敢的体现。当然，也要得益于市场和客户对于像雷格特这样一直坚持品质为先的设备商的信任和支持（图 6-6）。

图 6-6　成都二维码改造现场售后团队

实力与机会是打开成功之门的两把钥匙，缺一不可。而雷格特在通向成功的道路上，一直凭借着专注研发和拼搏进取将这两把钥匙紧紧攥在手中。顺利地打开了一扇扇成功之门，迈向了更为精彩而广阔的未来。

牵手阿里：格局创新，拓展产品应用新场景

创业界常说，创业时选择的市场雪道一定要又宽又大，这样创业过程中滚出的雪球才能够越滚越大。据统计，2018 年中国 AFC 行业每年的市场总量只有 30 亿元。但通常情况下，一家上市公司的年度销售额就能达到几十个亿元。所以，对于雷格特来说，想要在传统的 AFC 细分领域持续发展壮大，几乎不可能。

于是，在行业内站稳了脚跟的雷格特，再次重新冷静地审视行业的发展环境，并且做出了新的探索和尝试。与此同时，王建强清醒地意识到，雷格特必须突破行业现有的逻辑来创造全新的AFC系统，开拓全新的应用场景，才能开创另一片新天地，实现新一轮的跨越发展。

雷格特一直在 AFC 行业内潜心耕耘，不懈探索。但是伴随着互联网技术的广泛应用，“革命”每天都发生在不同行业里，许多公司开始寻求跨界合作，以期获得更多的商业机会和盈利点。尤其是前几年，传统行业经由“互联网 +”，进行资源的跨界拓展和深度融合，来更好的实现生产、销售目标，最终建构出了一种新的业务生态。

因此，专注于轨道交通领域的雷格特将战略眼光不再仅仅局限于轨道交通领域里，将自己重新定位于“人行出入口的控

制”领域。人行出入口管理常常面临人流量高、难度大、效率低、人工成本高、数据采集与管理决策受限等问题。随着城市化建设和信息技术的快速发展，城市流动人口越来越多，人们对出行、居住、办公、娱乐等场合的安全防范和治安管理要求也不断提升。

和 AFC 行业一样，在民用领域想要解决出入口管理难的难题，选用人行通道闸机进行系统化、智能化的管理是不错的解决方案。比如雷格特使用在新厂区的智能园区平台，可以将人行通道闸机系统连接门禁系统、考勤系统、票务系统、访客系统、数据中心等，实时进行动态、立体化的管理，从而尝试通过人工智能的方式来提高管理效率。

有了前文提及的屏蔽门业务的教训，这一次雷格特没有冒失前进，而是通过不断的市场调研，积极参加行业会议了解分析行业动向，跟紧潮流趋势的同时寻求改变和突破。基于未来增长业务的需求，管理团队经过商议，决定在2019年成立新品部，由巩兆藩和赵万禹做先头兵，技术总监袁鑫和赵志超做技术支持，尝试着往民用人行出入口领域开拓和探索。相较于比较复杂的地铁闸机来说，民用闸机的技术复杂程度要相对简单一些。由于有了近 10 年的地铁闸机设计制造经验，新团队对业务发展前景还是信心十足的。

新品部成立之后，团队成员经过 3 个月的探索及与客户的交流，发现民用闸机虽然技术要求相对简单，但是除了品牌机以外，市场价格也相对较低。人们常说，由俭入奢易，由奢入俭难。对于雷格特的技术团队来讲，设计制作民用闸机就类似于由奢入俭，高标准、高配置的闸机架构一时难以适应技术相对低端的民用市场。

正在新品部团队成员一筹莫展之际，2019 年 4 月初，公司接到了阿里巴巴要求采购专用闸机的电话，迎来了事业转折的机会。原来，阿里巴巴的全资子公司大麦网正在寻找专业的闸机厂商定制专用闸机，经人介绍后找到了雷格特。通过有效的前期沟通，客户确定于 4 月 26 号来雷格特现场考察。

阿里巴巴要前来考察，新品部管理团队在各方面精心准备，并邀请董事长王建强以及袁鑫、赵志超、陈位等技术部最强的软、硬件负责人陪同。经过车间现场考察及会议室面对面交流，雷格特清晰地表达了对这个市场的理解，并为阿里巴巴提供了完备周到的解决方案，客户对雷格特的软硬件都比较满意，初步达成了合作意向。

考察结束后，客户陆续提供了一些公司资料，在签署了一些保密协议文件后，2019 年 5 月 20 日雷格特正式入围阿里集团供货商。5 月 21 日，大麦网即提供了三辊闸的效果图，要求雷格特开始打样，并说明如打样合格，可在 6 月下旬的招标中加分。接到客户具体的项目需求后，公司立即指派工程师赵志超予以配合。由于当时公司 AFC 系统项目较多，结构工程师始终没有合适的人选，而项目样机制作周期已经非常紧张，若继续等待恐怕来不及，团队经过商议后决定寻找外部资源，内外合作开始了样机的设计研发，经过 1 个月的加班赶制及最后两个通宵的组装测试，终于在 6 月 24 日完成了样机的生产并交付。由于三辊闸以前从未做过，并非所长，所以在样机交付后出现了几个致命的问题，最终未能中标，但在样机制作与客户交往过程中所积累的经验，为后续 G4 拍打门闸机项目打下了基础。

2019 年 7 月 9 日，雷格特收到了阿里集中采购 G4 拍打门闸机的招标需求，同时也收到了大麦网产品经理发来的闸机需求文档。雷格特立即组建项目团队，并召开项目启动会，明确了项目背景、专职人员、工作内容及时间节点等，总结 G3 的失利原因，要求全力以赴拿到这批 G4 闸机项目订单。赵志超担任技术代表兼电气工程师，李志谦负责结构设计，卢仁云负责软件和通行逻辑开发，项目经理赵万禹与客户建立钉钉群进行技术沟通，每天不断地与客户确认需求，讨论方案，然后设计图纸，再反向确认，从早上 8 点半工作到夜里 12 点，信息从不间断。项目组每位成员都非常专注和认真，遇到自己的事项立即响应回复，如当时有事未及时回复，其他人补位。公司内部的有效配合以及与客户的有效沟通，让客户非常满意，客户给予了雷格特项目团队以高度评价。在物料采购阶段，项目组专职人员提前识别风险物料、重点物料，每天随时在内部群中共享项目进度，终于在约定的 8 月 11 日完成了 2 台样机的制作及测试，同时客户在样机即将完成生产的同时下发了第一份 50 台批量的订单。公司也在项目团队的共同努力下，按照客户需求，有序完成了相应订单的交付。

结果是，2019 年大麦网闸机项目，客户一共采购了 G4 闸机 110 台，每批次闸机均按时交付，技术及商务配合度、售后服务、产品质量均得到客户的一致好评。

大麦网 G4 闸机项目是雷格特第一个大批量供货的民品项目，也是公司新品业务部成立后承接的第一个新品项目，无论从战略意义还是从经验积累上对雷格特都有着非常大的影响。

雷格特为阿里巴巴旗下大麦网提供了“无纸化入场”的智能检票设备服务。未来，观看大麦网举办的演出或赛事，只需要扫描手机内的二维码电子票或刷个人身份证及人脸识别，用户就可快速通过闸机入场（图 6-7、图 6-8）。这既方便用户节省了排队兑换纸质票的时间，还为主办方节约了纸质门票成本及大量人工出票检票的成本。而且，智慧闸机还能通过后台软件系统跟踪门票交易动态，杜绝黄牛恶意倒票，值得一提的是，电子票务还契合了阿里巴巴保护生态环境的社会责任感，为环保事业作出了贡献。

图 6-7　雷格特闸机亮相上海 ChinaJoy 展会

图 6-8　雷格特为杭州马拉松提供安检设备

行业动态风起云涌，行业竞争日益激烈。王建强始终提醒着自己和雷格特团队不忘初心——解决客户个性化需求，做一流的方案解决商。随后，雷格特还在不同行业的多家集团积极洽谈，力争为机场、影院、景区、博物馆等不同通行场景提供个性化的解决方案。

雷格特始终认为技术创新是最硬的道理，它凭借着独特的创新理念和高品质的产品吸引了阿里，成为其供应链的一员，在技术创新的这条路上，如何日日如新，更上一层楼，也是雷格特一直在思考的问题。

真金不怕火炼。在格局创新和拓展产品应用新场景的过程中，雷格特定最终如愿以偿，锁定了创新产品应用范围拓展的法门，并且找到了属于自己的新时代舞台。

AFC 系统规范：积极参与标准制定，引领行业发展方向

经过长达二十余年的 AFC 行业发展和运营实践后，中国 AFC 行业的从业者们，不管是业主、集成商、设备商还是供货商都在总结经验，并逐渐形成了共识——唯有建立统一的 AFC 系统规范和国家标准，才能避免在轨道交通大建设的高潮中，出现新旧线路不兼容或者建新线改旧线的情况出现，才能让中国 AFC 行业实现可持续发展。

虽然对原有线路的改造没有安装新的设备困难，但是只要有一个零部件不能配套不够标准，就可能会导致一个地铁站 AFC 系统的崩溃，还会迅速波及整个城市的 AFC 系统，导致城

市轨道交通的全面瘫痪。

因此，为了防止因系统、技术和设备零部件等标准不清的事故发生，加强 AFC 系统工程质量管理，统一 AFC 工程质量的验收，从而保证工程质量，迫在眉睫。2006 年，在陈凤敏的牵头下，由上海地铁咨询监理科技有限公司主编的《城市轨道交通自动售检票系统工程质量验收规范》（GB 50381—2006）应运而生，规范明确了 AFC 系统的工程质量规范以及验收流程和标准；2007 年至 2011 年，各牵头单位相继组织业内精兵强将编制并发布了《城市轨道交通自动售检票系统技术条件》（GB/T 20907—2007）和《城市轨道交通自动售检票系统检测技术规程》（CJJ/T 162—2011），明确了 AFC 系统的五层架构体系、各层架构的技术条件和接口要求和五层架构体系下 AFC 设备单机测试和联机测试的规程。

这些规范的落地，使 AFC 在国家层面上形成了一套涵盖设计、建造、检测和验收全过程的标准体系。此外，北京、上海等城市还发布了有关 AFC 系统的地方标准，广州、深圳等城市的轨道公司也制定了有关 AFC 系统的企业标准，规定和统一了 AFC 系统和设备的功能需求、技术标准和数据接口规范，使 AFC 系统设备成为相对标准化的产品。

在这样的环境下，国内的 AFC 企业凭借着与国外 AFC 厂商合作经验以及在金融、公交等领域的技术积累，快速崛起，不仅打破了外国厂商的垄断，还逐步提升了市场占有率，从中国 AFC 行业的配角华丽转身变成了主角。

近年来，很多企业都意识到参与行业标准制定的战略意义以及标准对企业形象提升的重要性。雷格特自创立以来，一直高度重视标准化工作，积极参与国家标准、行业标准和地方标准的制修订工作，不断建立和完善企业标准体系，具有丰富的标准化研究、管理能力和经验。

在积极参与国家、行业及地方标准制修订的同时，雷格特大力开发适合本公司相关产业的企业标准。在制定企业标准时，公司通过充分收集相关的国内外最新标准，结合企业自身实际情况，通过对生产所涉及的 AFC 设备和新材料的技术性能指标、试验方法及检验规则等不断试验和调整，制定出了多项技术要求严于国家标准或行业标准的企业标准。这些高水平的企业标准不仅提高了产品性能，增强了公司的核心竞争力，而且为促进公司发展及研发成果转化积累了大量的理论依据和工作经验。

截至目前，雷格特已经参与了中国 AFC 行业以下几个标准的制定工作：

（1）《城市轨道交通自动售检票系统工程质量验收标准实施指南》（GB/T 50381—2018，目前该标准已经发行，图 6-9）。

这个标准最初是在 2010 年发行的，当时雷格特还没有成立，牵头方 AFC 国标管理组是陈凤敏组织的，这个国标编制的时候就将当时的行业内的业主、设计院、集成商召集到一起，还组织召开了 AFC 行业论坛。但是，到了 2014 年前后，整个 AFC 行业变得混乱，各集成商互相砍价，非理性竞争。经由陈凤敏提议，国标管理组出面，召集了一批集成商领头企业，

图 6-9 由袁鑫和陈位参加编写的标准出版

召开了中国AFC行业的集成商联谊会，一起为整个中国的AFC行业健康发展的大局出谋划策，达成共识。2014年雷格特邀请了陈凤敏到东山莅临雷格特指导，陈老师也非常愿意作为引荐人让雷格特入“团队”。从那之后，雷格特日益活跃在AFC行业里，2015年开始雷格特每年都参加组织的AFC论坛年会活动。2017年中国信息产业商会自动收费系统专业委员会成立后，雷格特也第一批成为会员单位。2020年AFC专委会第一次换届，凭借多年来技术的沉淀和对行业的深度理解，以及交出了多个项目的优质答卷。雷格特成为理事单位，王建强任副理事长。

（2）中国城市轨道交通协会（以下简称“中城协”）组织的标准：《城市轨道交通自动售检票系统设备与模块要求》（T/CAMET 04020.1~9—2021，目前该标准已经实施）。

雷格特是中国城市轨道交通协会的会员单位，协会在2019年组织团体标准的编制工作，雷格特技术总监袁鑫作为设备与模块部分的编制方承担了设备组组长的职务，配合主编方北京地铁进行标准的编制工作。因为雷格特在北京设备市场的占有率很高，而设备进入北京市场均需在北京路网监测中心进行认证，而这个认证的北京地标当时雷格特也是直接参与的。所以对此标准实际上雷格特非常熟悉，基本上是照搬了北京的地标并对里面的一些不合理项目进行了删除和修订，对雷格特设备的标准符合度有非常大的好处。

（3）中国信息产业商会自动收费系统专业委员会（简称：“AFC专委会”）组织的标准：《城市轨道交通自动售检票系统初级从业人员技术培训规范》（T/CIITA 210—2020，目前该标准正在征求意见阶段）。

雷格特同时参与了这个培训规范配套的教材的编制工作。AFC 专委会希望推行全套的 AFC 系统标准 + 培训标准 + 培训 / 认证体系，切实承担为行业培养人才的重任。各单位业主也都十分欢迎，因为这样的一个专委会一直都在为行业的发展出谋划策并付诸行动，而人才的培养是非常关键的，只有健康的人才和技术的传承，这样的行业才是有希望的。

（4）中国信息产业商会自动收费系统专业委员会组织的标准：《城市轨道交通 自动售检票系统技术标准 第二分册：终端设备》（T/CIITA 204—2020，目前该标准正在征求意见阶段，预计 2021 年下半年会发行）。

这个标准是 AFC 专委会组织的，和中城协组织的标准有一些类似，但是中城协的标准是从云的角度出发，对现有的架构改动很大，从当下来看，有些脱离目前城市轨道交通的现状，所以专委会认为应该从现状入手并着眼未来来编制这样的一个标准，团体标准都不是强制的，所以能够落地并且真正的被采纳才是有用的标准，专委会的成员都是各地铁公司专家、设计院专家、集成商和设备制造商，对整个体系架构都非常清楚并且对未来的建设方向也非常明确，这样的一个标准很容易得到推广应用并成为行业普适标准。因此雷格特作为专委会的副理事长单位也在标准的编制中承担了较为重要的角色。

第 7 章
勤练内功，管理升级

我们携手同心，勤练内功，同为雷格特人，锻造无忧品质，弘扬奋斗精神，同写属于雷格特的精彩华章。一群人，一件事，一条心。风雨同舟，携手前行。

勤练内功，规范管理

成立十年来，雷格特一直不懈前行和探索，从代工到自主创新研发再到代言中国制造，一步一个脚印，不断探索新的商业模式，不断推陈出新更优质的产品，不断拓展业务和产品覆盖的版图……在这条通向未来的道路上，让我们共同见证雷格特的成长与蝶变。

十年来，雷格特参与并见证了中国 AFC 行业的成长和发展。有如接力赛，每一个阶段的雷格特都有一段赛程要跑。又如同一条环环相扣的链条，看似每个环节微不足道，但是缺少其中任何的一环，链条就无法成型和圆满。

2017 年，雷格特销售收入首次成功破亿元。这是一次里程碑式的跨越，也是一次全新的挑战。站在新的起点之上，为做出更合理的战略决策和资源配置，公司管理体系亟待完善。于是，周超适逢其会加入了雷格特，成为雷格特核心管理团队的一员，并携手其他管理人员一起引领着雷格特朝着更高更远的方向发展。

周超（图 7-1）是王建强在华士电子时的同事，共同的想法和理念让他们一见如故，惺惺相惜。更为年长的周超常常扮演着王建强老师的角色，在后者徘徊迷茫的时候为他加油鼓气和指点迷津。虽说周超不是雷格特初创团队中的一员，但他一直密切关注着雷格特的成长。

图 7-1　雷格特总经理周超

在没有加入雷格特之前，周超就一直扮演着"观察者"的角色，站在比企业经营者更高更远的视角去审视和思考雷格特的产品战略、企业文化以及发展道路。周超认为，雷格特之所以能够在强手如林的 AFC 行业取得较好的发展，除了自身的实力外，也离不开客户的包容和供应商的支持。雷格特在成长过程中，走过了不少弯路，也付出了很多代价。每当遭遇的困境的时候，都会有客户和供应商指点迷津采取暂时性的应对措施。虽然也能另辟蹊径，多次绝处逢生，但这并非雷格特可持续发展的方法。

"要想实现新一轮的成长和跨越，让雷格特成为一家伟大的有价值的公司，就必须帮助雷格特找到一条长期可持续的发展道路。首先必须从根源上提高人员的专业性和凝聚力，提升公司产品的科技含量和核心竞争力，这是我加盟雷格特的时候怀揣的使命。"周超强调道："不折腾风险很小，但我们需要主动的寻求变革，才能应对未来更多更大的挑战。"

周超加入雷格特时，王建强明确地对他说：当初在华士你是怎么教我的，现在就怎么教雷格特的管理团队。如此，我们就一定能够成功。

入职雷格特之后，周超先深入各部门系统地考察和调研，全面了解公司的情况，等摸清了情况之后，便采取措施，加强管理。

其实，王建强在创立了雷格特之后，一直保持着与周超的联系，所以，未入职前，周超对公司情况就有了一定程度的了解，在2016年应邀对雷格特管理团队进行管理咨询培训时，就有意将此作为了解公司的机会，注意与团队成员的交流，深入了解公司的情况。

以对公司的全面系统的了解为基础，周超在管理团队的支持下，就加强公司管理采取了一系列措施。

第一，加强现金流管控，与银行建立独立和独特的关系，以确保公司运营安全。现金流断裂是任何公司运营的最大风险，尤其是轨道交通 AFC 系统行业的项目回款周期相对较长，如果现金流管控不力，容易导致资金链断裂，从而给公司带来生存威胁。

第二，进行管理团队的培训与整合、调整。通过一系列培训，各级管理者逐渐完成了从业务员向管理者的角色转变、从做事向管人的职能转变，使雷格特形成了一支具有凝聚力、战斗力的优秀管理团队。王建强对此自信地表示：我们一起用了 3 年的时间，打造了一支至少在行业内最优秀的团队。这是我们能成为行业内卓越企业的基石。

第三，开展团队建设，增强管理团队及整个公司的凝聚力。雷格特创业之初所采取的后来者加入需要全体成员共同认可的团队组建方式，为团队形成凝聚力提供了有力的保障，公司也尽可能采取措施进行团队建设，包括每年组织集体旅游活动等，但这些活动往往成了一种例行公事，对团队凝聚力的作用并不明显。周超入职后，专门组织了团队拓展训练，尤其是 2017 年 12 月组织的拓展训练，给人留下了深刻的印象，为后来的拓展训练树立了标杆。当时，为了做好拓展训练，达到提升团队凝聚力的作用，周超与乙方沟通，对拓展训练的目的、对训练的每一个环节、对每个环节的每一个细节都提出了严格的设计要求，乙方在周超高标准的要求和敬业精神的感召下，精心设计，结果在拓展训练过程中，每一个参与者都切身感受到了从来没有过的深刻体验，大家在泪水与喜悦交织、失望与希望并行、失败与成功兼具的复杂内心感受中，达到了空前的团结，团队凝聚力在不知不觉中得到了自然而然的提升（图 7-2、图 7-3）。

图 7-2　2017 年雷格特团队拓展活动合照

图 7-3　2017 年雷格特团队建设拓展活动部分照片集

第四，强调公司的专业化。之前公司倡导的价值观是谦和、友善、诚信、扎实，周超经过一系列的培训之后，让大家感受到了专业、敬业、职业的重要性，后来经过大家一致讨论，公司在之前核心价值观的基础上，又加上了专业。这种专业性在多方面有所体现，比较明显的，是对公司会议的规范，包括开会时关闭手机或手机静音，避免了以前会议期间时常被手机响铃打断以及人员随意走动的现象；调整了公司月度会议，不用每个月一群人都要耗到凌晨，听一些与自己没什么关系的内容，使会议高效了；公司半年度、年度会议要穿正装，发言人需要站在讲台上，面对听众发言。这些细节的改进，使雷格特更加专业化和职业化，这既是企业转型的成果，也是企业转型的助缘。

在周超的引领以及管理团队的支持下，雷格特逐渐实现了由业务型向管理型的转变，管理水平有了大幅度的提升，为实施项目提供了可靠的管理能力保障。雷格特人以前所未有的自信迎接未来。

登陆新三板，借力规范管理

企业由生存期向发展期转型，加强管理、提升管理水平是必然要求。雷格特能认识到这种要求，并积极顺应这种发展趋势和要求，积极采取各种措施强化企业管理，提升企业综合管理水平，力求为企业可持续发展进一步夯实根基、拓展资源。其中，新三板挂牌，就显示了雷格特借助外力监督和亮相资本市场来提升管理水平的决心。

作为全国中小企业股份转让系统的新三板，是与上海证券交易所和深圳证券交所并立的第三个全国性股权交易市场，主要为全国的中小企业创造融资机会，促进中小企业的发展。

国家出政策开放新三板，新三板和主板有个最大的区别，就是在于主板股民可以自由交易，但是新三板必须是特定人群去交易，所以它主要针对的是非上市公司。当时新三板政策出来的时候，因为它是新政策大家都不了解，也不知道会不会有许多符合资质的人去交易产生流动性，当然也有一些公司有融资的需求，所以新三板推出时政府也出面做了很多工作。苏州市也是鼓励创新性民营企业上新三板的，在详细了解《苏州市新三板挂牌企业三年培育计划》之后，雷格特管理层专门组织了一场专题会，探讨新三板挂牌的可能性和必要性。

考虑到雷格特从诞生之日起就是上市公司东山精密的子公司，财务管理上一直比较规范，企业的经营管理也比较规范，自身也有 IPO 的远景规划，所以王建强认为登陆新三板对公司利大于弊，值得尝试，就当是一次资本市场的探索和练兵。

王建强回忆道："按照当时新三板的挂牌标准，雷格特的基本条件完全符合，也就是说，无论是哪家券商来辅导，只要材料准备充分肯定能够顺利通过。因为当时雷格特一直按照东山精密上市公司管理体系运营管理。上了新三板就是公众企业了，需要定期披露年报和公司的一些重大决策，能够进一步规范雷格特的运营管理，同时还能享受政府补贴，所以说从这几个角度来考量，登陆新三板和雷格特的长远发展目标一致，是有利于规范企业管理和公司长远发展的"。

新三板固然是中小企业融资的平台，但是雷格特本来就一直以规范管理为目的，挂牌新三板的主要目的并非融资。

当时提供服务的证券商是广发证券股份有限公司（以下简称

“广发证券”）。当时的雷格特是一个刚成立几年的小企业，又是第一次接触券商，对很多相关知识都不甚了解。在这一过程中，公司各部门通力配合券商工作，迎接从未遇到过的挑战，尤其对财务部门来说，压力更大，但他们不畏困难，各项工作有条不紊。

按照整个计划安排，2015年9月份开始正式启动新三板项目，在8月31日前，要完成两个合伙企业的注册以及合伙企业的注资，做好项目启动前的准备工作。要完成注册的两家合伙企业，其中一家为公司员工持股，需要完成从方案前期确认，到持股人员名单、持投比列确认，到合伙协议签定，再到工商局办理注册备案的顺序递进的过程。尤其是在办理注册时，因为时间紧，需要办理的合伙企业股东多，需要多次沟通，更改确认资料。为了加快注册进度，能在第一时间把材料递交上去，时任财务经理的温慧娟带着电脑就在办理工商登记的行政中心现场办公，修改确认资料。公务人员午餐休息时，她常常还在行政中心安全通道处抓紧时间更改资料。

2015年9月中旬审计人员进驻公司，进行为期2周的审计工作。审计时，需要雷格特提供2年加1期的审计资料，即从2013年1月到2015年8月期间所有的财务资料。当时财务部共有3名成员，需要安排盘点、资料复印，针对每个问题准备相应的证明材料，既要为券商准备相关财务资料，也要为审计准备相关审计资料，每天的工作量极大。天天加班是他们的家常便饭，加班到次日凌晨两三点钟也是常有的事。

2015年9月下旬广发证券项目组进驻雷格特，进行为期近4个月的相关辅导工作。券商的工作是整个申请挂牌业务的核心，进驻时间最早，驻留时间最长，业务最繁琐，沟通量最大。在与券商对接方面，王建强负责协调外部资源，温慧娟负责协调内部资源。券商要对雷格特自成立迄 2015 年 8 月期间公司发展过程进行全方位的尽调，包括业务模式、生产模式、股东、公司架构、采购模式、财务方面、客户、供应商面谈、关联交易、关联方等多方面调查，各种合法合规证明等。特别是关联关系调查最为繁琐，因为作为雷格特控股方的东山精密公司所涉及的关联企业特别多，在尽职调查时，每一家关联企业都要与东山精密董事会秘书确认，沟通量极大。而公司的对接人员是第一次接触这些业务，诸如开具合法合规证明、竞业调查、关联关系调查等很多业务都不懂，但都是兢兢业业地配合券商工作，及时与各方沟通，为他们提供所需要的各种资料。

2015 年 10 月律师事务所进驻公司，进行法务方面的相关工作。随后，由券商牵头，雷格特、会计师事务所、律师事务所三方配合，全面推进项目进展，经过多次开会商讨，确认股改时间、准备律师资料、准备券商申报材料等，最终确定以 2015 年 11 月 13 日为雷格特的股改日期，于 11 月中旬向全国中小企业股份转让系统提交申报材料，中间经历一次反馈后，雷格特于 2015 年 12 月 25 日收到受理通知书；2016 年 1 月收到股转系统再一次反馈，最终于 2016 年 4 月正式挂牌新三板（图 7-4）。

温慧娟回忆道："2015 年公司进行新三板申报这个过程，对我来说，是人生一段最难忘的过程，这个过程有苦、有累、有喜悦、有成就感，对当时只有 3 个人的雷格特财务部是一次巨大的挑战，虽然过程中，承载压力、工作量巨大，很辛苦，但我们最终以最快的速度拿到新三板的受理书，并于 2016 年 4 月 25 日正式挂牌新三板。"

图 7-4 新三板挂牌合照

新三板挂牌虽然不是真正意义的 IPO 上市，但是也让快速发展成长的雷格特成为一家公众公司，因信息披露的要求，公司在新三板挂牌期间整体运营上面更加规范合理。同时在政府、银行和行业内外等多个维度，公司的知名度和影响力均有明显提高。

在组织高管去参加挂牌仪式敲钟的那一天，王建强发表了一次振奋人心的讲话，号召全体雷格特人以公司登陆新三板为契机和新的起点，戮力同心，继续拼搏，争取早日将雷格特建设成为一家强大并且卓越的公司，冲击 IPO，和全体雷格特人共创共享美好未来（图 7-5）。

团队建设的制约与平衡

平衡和制约是一个团队能够长久健康存在发展的基础。大至国家治理，小至企业管理的层次划分，都体现着合理分配权力的重要性。

图 7-5 王建强在新三板挂牌仪式上讲话

草创期的雷格特，由于决策权、指挥权、资源调配权属于创业团队，高度集权使得王建强将相当多的精力放在企业管理上，他的决策占比也会多一些，比如改变策略承接屏蔽门业务，或是由代工变成专业的设备制造商。这种高度集权的模式非常适合创业初期阶段，因为企业要生存，必须具备很高的管理效率。

雷格特进入新的发展阶段后，防范风险的重要性开始大于企业的生存需求。中层管理人员在职能模式中既不负责企业政策的制定，又不负责政策的执行，只是被动承担“上传下达”的作用。这既严重影响了员工的积极性，也容易造成企业决策灵敏性的降低。这时就一定要限制企业领导层的个人权力，而改成以制度和流程来作为管理手段。

王建强认为，一家成功的企业需要好的领导，但企业的生死存亡不应取决于某个人。在雷格特蹒跚起步的初创期，一个错误决定不足以致命，即使是雷格特对于屏蔽门业务的尝试，回头看俨然是巨大的决策错误，也造成了近千万元的损失，但是由于企业的快速发展和产品的迭代，损失尚在可承受范围内。当公司发展到一定阶段之后，一个重大的错误决策，或是一个错误的研发方向，就可能给雷格特带来数千万甚至上亿元的损失。王建强补充道：“这就像是开车，从一档到五档，档位越高开得越轻松，但同时对方向盘把控的要求也就越高。一旦失控，就会产生巨大的危险，甚至危及生命。”如今的雷格特，就是一辆行驶在高速路上的汽车，方向盘的准确性把握要比刚起步的时候重要得多，只是稍微走偏一点，就可能南辕北辙。

组织行为学认为，在处理人的积极性和惰性之间的关系时，整体的他律和局部的自律相结合是一个较好的办法。在雷格特发展相对稳定之后，雷格特的重大决策大多是依靠数据来进行理性分析，不再是凭王建强个人的喜恶来选择。在业务模式的探索和产品路线的抉择过程中，王建强始终要求在雷格特团队充分分析市场前提下，再由管理层集体商讨决定公司发展的方向和产品创新的路径。这恰恰也是一种新的平衡和制约。

质量是企业的生命

对客户体验负责

雷格特在行业摸爬滚打十余年，遇到的各类问题反馈当然也不会少。对自己的产品负责是公司最基本的服务态度，抱着有则改之无则加勉的诚恳，雷格特也遇到过许多让人啼笑皆非的投诉。

苏州有轨电车项目，业主一度投诉自动售票机锁坏了，追问调查原因，原来是有小孩用工具把锁给撬了。虽然只要是锁具就难以保证暴力方式不能撬开，但雷格特并没有推卸责任，一方面主动联系业主提供了一份完整的质量检验报告，从国家标准到合同标准，进行对比和实验。另一方面，虽然不是雷格特的过错，但本着处理问题的态度雷格特也提出了相应的解决措施：为了避免类似情况再发生，雷格特建议可以在锁外再进行一次加固，只是需要额外增加成本。

这样一来，业主也就不再咄咄逼人，反而对雷格特多了一份信任。对自己的产品负责，对客户的体验和意见负责，雷格特真正做到了知行合一，落实到位。

图 7-6　雷格特第一版质量体系证书

构建质量管理体系

雷格特的质量部成立于 2011 年，在中国质量认证中心的协助下构建起了质量认证体系（图 7-6）。从设计、样机、小批量实验到最终量产，参与了许多产品研发生产的整个周期。团队人数也经历了由小扩大再由大变小的发展过程，在公司规模不断扩大之时及时学习大型企业管理经验，从人管人转变为标准管人，从质量控制到质量保证，明确公司各职能部门的职责划分，慢慢从一个职能部门转变成了质量监督管理部门。

卵石的形成需经历时光的洗礼和流水的磨砺。部门组织架构调整、CCC 工厂质量保证工作、产品质量提升、工作质量提升、专业技能提高……雷格特质量管理体系的建设不能一蹴而就，而需一步一个脚印。

雷格特现已完善了内部审核、外部审核以及客户审核为一体的全面质量管理体系，三个审核机制相互监督促进，力求将产品出厂合格率始终保持在 100% 的高水平，不断增加产品的信誉度和美誉度，提升顾客满意度和黏性（图 7-7）。

雷格特公司质量部耿安顺曾说，他作为质量人的信条是：不对成本负责，只对品质负责。王建强也不止一次在会议中强调："雷格特的 AFC 设备专业制造商的品牌是靠一个个项目的高质量交付累积而来，如果一个产品的品质出现问题，就是对品牌的透支。产品品质不仅是质量部的使命，更是雷格特的生命线，雷格特永远不会在品质上进行妥协。"

与创立雷格特时全公司关注聚焦于一件闸机产品的情况不同，现如今，雷格特已经开拓了多个产品线几十种产品，唯有让品质成为效率，才能控制成本，省去售后服务很多不必要的麻烦。

为了切实保证产品品质，做好品质管理工作，雷格特一直在努力。2021 年是雷格特的质量年，公司从高层到基层都在致力于质量意识的学习贯彻以及质量工作的不断优化。雷格特公司上下更是针对优化产品质量和提高员工工作质量做出了不懈的探索和努力，并制定了一系列质量管理举措：

图 7-7　雷格特 2021 年第一批内审员颁发证书

第一，贯彻质量管理体系标准，实行体系建立、实施、保持、改进的年度工作规划，依据年度工作规划分解具体工作，逐步建立完善的质量管理制度及方法，梳理各部门业务流程及接口管理。

第二，开展有效的质量培训，培养员工的质量意识，使员工从意识上保证自己的工作质量，从而促进产品质量的稳定。

第三，提升技术设计能力，减少设计差错，落实“产品质量是设计出来”的预防理念。

第四，导入质量控制计划，建立工序质量控制点，强化过程控制。

第五，引入项目管理课程，使员工能够掌握项目管理工具，在项目运行过程中，监督里程碑节点，抓进度，避风险，提质量。

第六，建立可靠性实验室，为产品的可靠验证提供平台，为新品研发和新材料导入强化了可靠性验证，保证了产品的稳定性。

第七，实行产品模块化和标准化，降低组装人员出错的风险，提升组装过程的效率，提升产品质量。

强化工艺管理

为保证产品质量，公司于2017年成立了独立的工艺部，强化工艺管理，建立了一套系统完整的产品质量保证体系。

在产品设计阶段，采取以下措施来保证产品质量，第一，将工艺设计工作前置，提前介入技术设计和样机的验证，在设计评审中有效评估产品设计成本、产品布局合理性、提升装配效率、产品的后期维护性等，预防过度设计、活动部件干涩等问题；防患于未然，在设计样品量产前，就把问题解决掉。第二，在样机结束后工艺必须输出初版的工艺文件来指导小批量试产，小批量结束后必须修改工艺文件，并且正式归档；输出的工艺文件必须进行评审后再发布。第三，工艺要参与产品首件质量的确认。工艺人员参加样机的试制，提前了解产品，参与工艺文件的制作，对生产人员进行培训，实现产品设计与生产的有效对接。

在生产阶段，采取以下措施，一是工艺提前进行工艺策划，识别出关键物料，导入工装夹具进行检验拦截（图 7-8）；二是制定了 PFMEA（制程失效模式分析），对产品加工过程的能力和风险进行风险识别和预防；三是工艺部门要介入产线在作业环节出现的异常情况，完成主导分析、处理和跟踪的闭环。

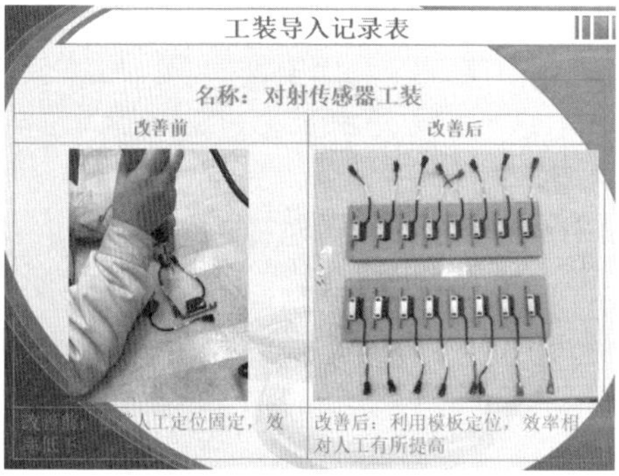

图 7-8　工装导入记录表

在物料采购供应方面，将工艺管理前移到供应商加工环节，对关键物料加工进行风险识别，对供应商进行工艺交底，使其能够完全理解公司的产品需求，在关键控制点进行预防，提升外协物料的合格率，减少物料对生产的影响等；全程介入供应商开发工艺，确认供应商的制程加工能力。

在售后服务方面，对售后产品出现的质量问题，工艺也要介入，完成问题分析、问题处理、跟踪服务的完整服务闭环。

在客户所要求的产品测试方面，对集成商的测试方案要分解转换出的测试大纲、测试流程、测试方法、测试过程控制卡，工艺部门要评审后才可以实施。在测试时要做好测试资源收集、测试案例分解、测试风险识别和反馈等前期的策划，在具体执行时，工艺在制定测试方案时要模拟现场的使用场景，包括功能测试、压力测试、安全测试、震动测试等；对软件不完善导致功能无法测试的要提前予以识别，并沟通项目部告知客户这些存在的风险；对未安装的物料导致功能无法测试的也要提前予以识别，并沟通项目部告知客户这些存在的风险；要评估合理的测试时间，对测试不充分工艺要及时提出，并拦截住。

要保证工艺质量，就要保证员工素质，培训是不可缺少的必要条件。在培训方面，工艺部门盘点各岗位人员的技能，区分不同岗位、不同人员的技能水平，制定对应的培训大纲、培训计划、培训教材，由部门负责人组织实施。改变以前“我讲一下，你听一下”的培训方式，要求做到：我讲你听，我做你看，我讲你做，你做我看，我问你答，你做我检查，真正达到培训的目的和预期效果，并对工艺测试员实施岗位淘汰制的激励措施。

工艺部门每月要定期组织对车间现场的工艺稽查，并且指导改善优化和追踪闭环，收集厂内以及厂外的异常工时，进行分析改善，每周、每月要对人、机、料、法、环、测、设计、7S、目视化在生产过程中出现的所有异常，进行分析、验证、改善、闭环、宣导、公示、培训。

工艺管理流程的改进、工艺管理水平的提升，使公司的产品质量有了可靠的保障。

制造全流程管控

雷格特在加强质量管理、提高产品质量方面不遗余力，把2021年作为公司的质量年，从高层到基层，强化全员质量意识，提高工作质量。在生产过程中，把提高产品质量细化到生产过程的每一个环节。

首先要保证人员质量, 在人员素质改善方面, 采取了以下措施:

第一，明确了从部门负责人到一线作业员的岗位职责。对管理人员设定了 7 项质量指标，进行 KPI 考核，使生产部品质目标与公司品质目标高度一致。

内部交付计划按时完成率≥ 90%;

产品终检一次合格率≥ 95%;

产品出厂合格率为 100%;

产品一次上电合格率≥ 80%;

单笔损失超过 10000 元的重大设备、人身伤亡安全事故为零;

单笔损失超过 10000 万元的产品质量事故为零;

外部客户满意度≥ 85%。

第二，从基层员工是否熟悉 SOP（标准作业程序）到自身技能是否合格，进行人员应知应会岗位培训，保证人员合格，做事正确。这方面的培训，既有让员工了解公司产品、市场状况、质量管理方针和目标等总体方面的知识，也有包括让员工了解车间行走路线、厕所、茶水间、餐厅、吸烟室位置及安全注意等，细化到每一个环节。

第三，建立培训道场（图 7-9），定期展开技能认证，由工艺和质量进行认证，颁发技能证（图 7-10）。通过技能培训，培养一专多能，提高一线作业员的多技能储备。

第四，制定《按件计酬绩效管理办法》，按照多劳多得、优劳多得的分配原则，从品质、效率、制程改善等维度，提高一线作业员工的作积极性。

图 7-9 雷格特生产员工培训道场

图 7-10 员工技能认证卡

第五，班组长每天举行晨会（图 7-11），领读“品质口号”“7S 礼仪口号”，提升公司全员的品质意识。“品质口号”为：不接受不良品；不制造不良品；不流出不良品；第一次就把事情做对；我做的工作由我保证；下一个工序就是我的客户。“7S 礼仪口号”是，整理：保留要的，去除不要的；整顿：定位需要，轻易拿到；清扫：打扫干净，没有脏污；清洁：寻找污染，维持干净；素养：遵守规矩，养成习惯；安全：高高兴兴上班，平平安安下班；节约：节约其实很简单，身边水电随手关。

在设备、设施改善方面，采取了以下措施：

第一，建立设备、设施台账及保养计划，落实保养及日常点检，确保设备、设施保持最佳状态。

第二，针对一线员工操作容易犯错的地方，工艺设计一些“防呆”治具，确保产品品质。例如，对射传感器工装以前依靠人工定位固定，效率低下；导入工装治具，利用模板定位后，效率有明显提高。

第三，为确保产品质量，产品生产从线缆到模块再到整机的整个过程，环环测试，提前识别品质风险，将问题拦截在厂内。

第四，产品在出货前，对设备抽查，做震动测试（图 7-12），模拟运输过程。

图 7-11 生产班组长晨会

图 7-12 设备震动测试

在料件改善方面，采取以下措施：一是建立异常反馈机制，设计“异常单”，生产如果出现装配异常，10 分钟内相关人员现场解决，给出临时方案及长期解决方案；二是针对来料检验，工艺制作工装，辅助检验，提高检验良率。

在方法改善方面，采取以下措施：

第一，每天开线前全员阅读 SOP（标准作业程序），做到说、写、做完全一致。

第二，作业过程中遵循“下一道工序是上一道工序的客户”的理念，做好自检、互检与专检。

第三，建立“首件机制”，每天开线前确认第一件产品品质，防止出现批量性的不良产出。

第四，建立班组长“5M Check list”（图 7-13），每天开线前、开线中、收线后确认生产 5M 状况，提前识别”变化点”，按照过程控制重点进行质量检验，发现问题，及时改善。生产现场管理非常细致，例如，在工线前，要集合清点人数，按照《员工着装和仪容管理办法》检查员工服装仪容，并填写“点名册”；在早会上，布置生产任务、产能、客诉、ECN 变更、上级指标及昨日质量品质异常；员工开线前阅读 SOP，确认 SOP 有无修改，版本料号是否正确；发放手套等劳保用品以及“组装 / 测试过程控制流程卡”；以工单 BOM（物料清单）核对料件，确认是否正确并在 BOM 打“√”，检查生产所使用设备及工治具参数等。

在环境改善方面，按照 7S 管理标准，做好车间的 7S 管理（图 7-14），保持清洁的工作环境。

雷格特通过有效的管理优化升级举措，确保质量管理的有章可循和精益求精，在产品生产制造的全流程着手，在服务客户的全方位进行完善，确保产品质量和客户满意度与时俱进不断提升，从而保证了企业健康安稳地发展。

组长 **5M check list** 编号：SZLG-FM-PD-016

线别： 日期：

分類		項次	Cheak Item	5M	检查结果	备注
开线前	QCDSM	1	集合清点人数、检查员工服装仪容按照《员工着装和仪容管理办法》并填写《点名册》	人		应到： 实到： 出勤率： 请假人员及类别：
		2	早会：布置生产任务、产能、客诉、ECN变更、上级指示及昨日质量部品质异常	方法		EC料件及内容 ：
		3	员工开线前阅读SOP，确认SOP有无修改，版本料号是否正确	方法		
		4	发放劳保用品（手套）《组装/测试过程控制流程卡》			
		5	以工单BOM核对料件确认是否正确并在BOM打"V"	方法		
		6	检查生产所使用设备及工治具参数	机		1. 起子扭力值： 4. 电压： 2. 设备气压： 3. 压合时间：
		7				

图 7-13 5M Check list

图 7-14 车间 7S 现场

战略预判：雷格特的减法与加法

在雷格特掌门人王建强的经营思想里，一旦静止不前就是濒临淘汰的前兆。在飞速的变化和行业发展中永葆初心，这是他和雷格特创始团队为企业发展定下的基调。

雷格特的发展目标是成为人行通行控制领域的领航者。在公司成立的十年间，雷格特始终朝着这个目标不懈前行。据中国AFC领域的行业组织——中国信息产业商会自动收费系统专业委员会发布的“2018年轨道交通AFC市场调查报告”显示，雷格特作为AFC行业的主要设备制造商设备出货量位居全国第一，市场份额高达30.3%，超过同行业的知名上市企业。

2013年12月4日，工信部正式向三大运营商发布4G牌照，4G数据传输速度开始大幅提升，物联网的应用场景渐渐增多。其实，2010年雷格特成立伊始，王建强便有这样的直觉和预判——伴随着移动互联网浪潮的兴起，售票机的市场会越来越小。

果不其然，2014年中国移动就完成了4G建设，耗费3年完成的终端品类产品也随之快速进入4G发展的快车道，中国4G市场的爆发式增长和移动互联网的突飞猛进趋势也印证了王建强的直觉。幸运的是，雷格特并没有贪求一时之利，始终践行着做一流AFC设备供应商的初心，清晰明确的企业定位使雷格特在AFC企业争霸中幸存下来，并且开辟了独具特色的发展之路。

从AFC行业在中国的兴起，到国内技术的逐渐成熟和外资企业退出中国，再到全国地铁线路网络飞速扩张的今天，中国AFC行业经历过恶性竞争打价格战的混乱时期，还没有任何一家企业是真正的王者。

在 2015 年的呼和浩特会议上，王建强呼吁行业要分工明确，标准化、可持续化发展：“AFC 专用设备将成为一种标准化的产品，而不是订制品，AFC 系统集成商和设备生产商应该平行发展而不是交错混战，唯有这样才可实现全行业管理成本、材料成本的降低，提升企业的利润空间，使行业实现健康有序和可持续的发展。”（图 7-15）

此时的雷格特在行业内奠定了专业设备制造商的形象定位，而行业和谐发展则是一个具有大局观念的企业家对行业未来发展的期盼。也正是这次会议上，王建强被誉为中国 AFC 行业的“情怀王”。

雷格特在无数次发展前行的十字路口，都在坚定地做“减法”，始终专注 AFC 专业设备的研发和制造。与此同时，雷格特遭遇了一个不可忽视的问题——AFC 行业的市场份额整体有限，企业发展空间小，有很大的局限性。如何才能破局？

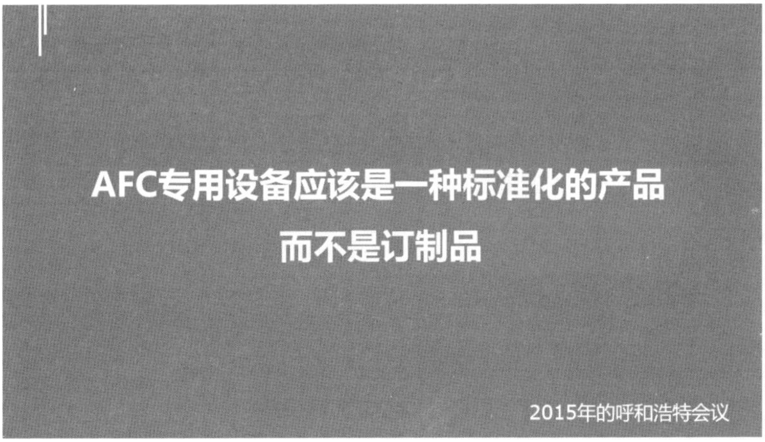

图 7-15 2015 年呼和浩特会议 PPT 展示

王建强意识到，通道闸机所属的安防控制领域市场空间十分巨大，是一片十分广阔的商业蓝海。雷格特以自主技术研发作为开拓先机，坚守初心，不断为自己的商业模式和产品应用领域做“加法”——

目前，我国智慧城市试点已基本覆盖全国各省、自治区、市，随着越来越多智慧城市的落地，城市互通互信以“云”来实现，生活便利化无感化发展也需要信用体系、科技设备来进行支持与配合。

随着城市智能化的进程不断推进，我国安防行业的市场需求逐渐被激发。据中安协披露的数据显示，2019 年，我国安防行业的收入规模达 8260 亿元，同比增长 9.6%；2020 年，虽然受疫情影响，安防企业总产值依然实现了正增长，达到 8510 亿元。根据《中国安防行业“十四五”(2021—2025) 发展规划》，“十四五”期间，我国安防行业将向规模化、自动化、智能化转型升级，在经济快速发展、国内安防需求不断增长的背景下，雷格特有理由相信在未来 5 ～ 10 年内安防领域还会持续较快速发展。

近年来，随着政府主导的平安工程建设、北京奥运会、上海世博会、广州亚运会、南京青奥会、北京冬奥会等国家重点投资项目的开工建设，智能建筑、智能小区建设异军突起，高科技电子产品、全数字网络产品的大量涌现，人行出入口控制技术与产品也蓬勃发展。人行出入口控制设备研发和生产是现代安全防范系统的重要组成部分，雷格特一直聚焦致力于相关产品的研发制造，也成为智慧安防领域最具有前瞻性和创造性的生力军之一。目前，雷格特已经与阿里巴巴等大型企业达成了人行出入口控制项目的战略合作，以优质的产品，锻造企业的实力和影响力，积极参与和逐浪于更高的行业浪潮之中。

十年前，雷格特的创始人之一袁鑫就前瞻性地提出了双目识别信息逻辑。在过去的十年里，雷格特不断投入资金和大量的人力物力，2018 年终于将基于这一逻辑的产品生产出来。

雷格特深知科研和创新是投入大但效率低的生产活动, 但是, 只有甘于寂寞，才能厚积薄发。创造性的技术颠覆，在产品创新和商业模式的变革中坚持自我，多元化尝试并且不懈探索开发新的产品……

第 8 章
砥砺深耕，履践致远

砥砺深耕，从未停止梦想的脚步。履践致远，让梦想照进现实。不断完善的产品研发体系，让智能改变通行体验，让科技助力无忧出行。每一次创新，每一个产品，始终和我们执着坚定的匠心交相辉映。

从未停止技术创新的脚步

城市轨道交通 AFC 系统领域有其行业的特殊性，其特点是工程项目时间跨度大（通过需要 2 至 3 年时间），设备基本上为小批量多品种、深度定制，设备的可靠性要求高，设计寿命长（一般长达 10 至 15 年）。单纯从技术角度而言，轨道交通 AFC 系统设备没有什么特别高精专的技术，门槛并不是特别高，但 AFC 系统集成了计算机技术、网络技术、自动化控制技术、非接触式 IC 卡技术、机电一体化技术、传感技术、机械制造技术等多种技术，属于技术密集型行业。

雷格特以满足客户的需求为出发点，不断提升以技术为核心的创新力和竞争力，从未停止过技术创新的脚步，根据客户需要以及自身的研发实力，先后走过了 OEM、ODM、新产品、系统解决方案和智能终端产品的技术不断升级迭代的发展历程。

雷格特在成立之初就定位为一家以研发设计为主的创新型公司，确定要做人行出入口控制设备的解决方案供应商。雷格特成立不久，就自主设计了 A 版闸机和 B 版闸机，其中 B 版闸机还获得了外观设计专利，因特殊机缘，还为北京地铁设计、研发、定制了小批量的移动闸机产品。但是，由于城市轨道交通 AFC 系统行业对参与竞标的企业有着项目业绩要求，新创立的雷格特由于没有项目业绩，难以获得项目订单，出于生存需要，初期只能以招标单位的地铁业主为间接客户，以中标项目的系统集成企业为直接客户，为方正国际等各个获得项目订单的系统集成企业做代工生产。就这样，雷格特在创业初期被迫走上了 OEM 道路。在代工生产（OEM）阶段，2011 年整条线路代工闸机和半自动售票机批量供货的苏州地铁 1 号线项目、杭州地铁 1 号线 AFC 项目、紧急大批量代工的成都地铁 2 号线项目等，是这一发展阶段的典型代表。OEM 既是这一阶段的业务形式，也是企业技术创新的表现形式，也代表了这一时期艰难的企业生存状态。

雷格特的业务始于 OEM，但并没有止步于此，而是以不懈创新不断提升的技术水平助力企业转型升级，从 OEM 顺利走向 ODM 阶段。2011 年的台湾信义松山线地铁项目是雷格特的第一个 ODM 项目，还有 2013 年成都二环路 BRT 项目等零星进行的 ODM 项目，但从 2014 年开始，雷格特就整体放弃 OEM 项目，进入了 ODM 阶段。2014 年的福州地铁 1 号线 AFC 项目是雷格特第一次全设备整机 ODM。有了部分自主设计权的 ODM 代表了公司可以一定程度地发挥自己的技术优势，并可以相应地提升产品的利润，公司的经营状况也逐步好转。

ODM 的实施过程，也是雷格特产品研发创新的过程，并经过实施项目实际应用和验证了自己创新设计的产品，其中，创新研发的卡模块、扇门模块最具代表性。

雷格特定位要做轨道交通 AFC 系统终端设备的整机产品，

其核心就是各种模块，即设计时在对设计结构进行整体把握的基础上，选择内部的相应模块进行研发。因为整机内部包含有多种模块，涉及多种专业技术，基于雷格特现有团队的技术力量，也基于雷格特对 AFC 系统设备及市场需求的理解，故而选择了卡模块、扇门模块作为研发和设计攻关的重点。

票卡模块的匠心演绎

票卡模块（图 8-1）是雷格特非常重要的系列产品。卡模块的制造有三个难点：胶轮、丝杆和联轴器。自雷格特自主研发的卡模块投入地铁 AFC 项目现场使用以来，陆续出现了一些影响产品性能的问题，雷格特各个部门对此非常重视，始终坚持问题导向和目标导向，不仅成功解决了一些产品质量问题，还在解决产品质量问题的基础之上，一直坚持探索、持续寻找终极解决方案。

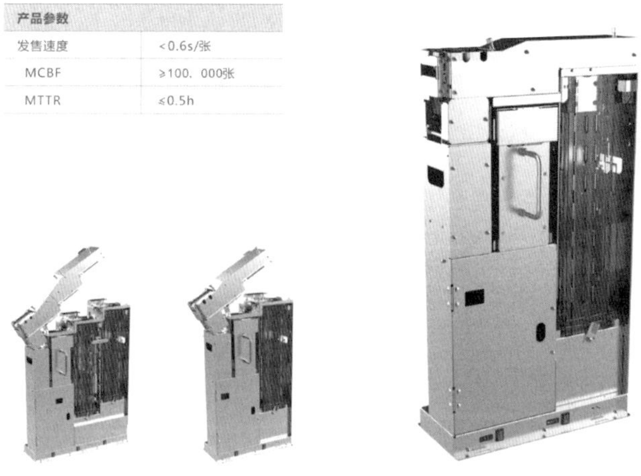

图 8-1　雷格特票卡模块

苏州常年温湿度适中，票卡传动胶轮在实验室测试时性能表现很好，可运用在郑州、西安等气候较干燥的地区，就出现胶轮变软、易磨损的情况。因此，雷格特要求供应商在原有的生产材质中加入了防静电材料，在卡模块里也加入了防静电刷，内外标本兼治，力求提高胶轮的使用性能。这个优化方案已经有独到之处，但雷格特依然认为只是权宜之计。

于是在随后长达九个月的时间里，技术中心特别召集了设计、采购、生产和售后等多个部门负责人开专题会，矢志要解决卡模块胶轮易老化易损耗的问题，并为此投入了大量的人力物力。随后，雷格特将胶轮送到了苏州大学化工材料专业的实验室，实验室教授提供了胶轮的成分分析，雷格特据此进行了材料、试验方式放大多方面的系统学习，还与苏州大学化工材料系教授一起设计了聚氨酯、丁腈、中鼎 60 度等不同材质的胶轮，设定不同的邵氏硬度，制造了几个批次的样品，并多次反复试验。宁可提高采购的价格，也要现场监督供应商批量使用新材料。

通过实验室、生产车间和项目现场的试用，雷格特的胶轮性能已经有了明显的改善，在北京、郑州等地的 AFC 项目现场测试，发现新材料胶轮的耐磨性、抗老化性已大幅度提高。美中不足的是，因票卡附着的灰尘污渍容易吸附在胶轮上。面对这个问题，精益求精的雷格特人又进行了新一轮的创新，探索更优质的解决路径。雷格特持之以恒地进行产品创新和品质优化，不仅锻炼和强大了自己，也吸引并且征服了大批量的客户。从 2017 年开始，雷格特的卡模块产品销量已经跻身国内轨道交通 AFC 系统设备行业市场的前两名。

扇门模块的“轻薄”之最

在国内轨道交通 AFC 系统行业内，扇门模块及与其相应的通行逻辑技术研究主要被固力保和玛格内梯克这两家外国公司垄断，但雷格特不畏强手，勇于挑战，决心在扇门模块的研发设计上有所突破。早在 2013 年的台湾高雄项目上，雷格特就自主设计研发了剪式门机芯以及对射式通行逻辑，随着创新技术越来越成熟，自主研发的闸机扇门（图 8-2）也形成了自己独特的优势。

在 2017 年北京地铁二期票改项目上，当时地铁 5 号线和 13 号线、机场线的 AFC 系统设备需要整体更换。所有检票机设备都是采用日本标准的小拍打门，机体厚度为 180mm，但北京地铁的地方标准是剪式门，拍打门没有被列入标准。为了能够贯彻标准，北京地铁希望采用剪式门闸机来替换原有的拍打门闸机。但这在当时会产生一个难以解决的问题，即如何把标准通道的剪式门闸机做到 180mm 厚度。当时扇门的权威品牌固力保以及中软国际都做过尝试，但均没有达到目的，也认为不可能做到。

有鉴于此，在北京地铁票改二期项目招标时，中软国际当时仍然采用拍打门的方案去投标。而与雷格特合作竞标的客户，在投标前要求雷格特评估一下能否将剪式门做到厚度 180mm。雷格特的技术专家陈位经过精密计算，认为可以实现这个目标，因此雷格特技术团队向客户保证能够实现，并且在短短 2 个月内就做好了样品并成功测试，而样机扇门的厚度仅为 175mm，比客户要求的 180mm 还减少了 5mm。等到投标时，认为只能采用小拍打门而小拍打门唯有自己能做的中软国际还认为胜券在握。没想到，雷格特实现了剪式门在设计制作上的突破，顺理成章地与合作伙伴获得了北京票改二期改造项目。雷格特设计的 175mm 扇门机芯是当时全世界最薄的，当样机在北京路网测试中心亮相时，受到了行业内专家和竞争对手的赞叹。

雷格特在其专注的通行逻辑控制技术上也有所突破，率先在传统通行逻辑控制技术上采用嵌入式操作系统方案，提高了控制效率，并且有完整的文件系统，可以方便地记录文件化的日志，也使更新升级的程序操作更为简便。

在研发设计创新产品的同时，雷格特开始向系统解决方案和智能终端设备的方向迈进，尝试在新建厂区使用智能园区平台，并根据市场需求设计整理了一套智慧车站 AFC 系统专用设备方案，所研发的智能终端设备也于 2021 年在苏州地铁“东方之门智慧车站”中展出，待试验成功后向行内推广。

不断提升的技术水平为雷格特服务客户、满足客户需求提供了有力的保障，也在逐渐地树立了雷格特在行业内的竞争优势地位。

产品参数	
开/关门速度	0.4s~1.0s可调
MCBF	≥10,000,000次
MTTR	≤15min
冲击力	120~250N可调
强开力	>200N
寿命	>30,000,000次

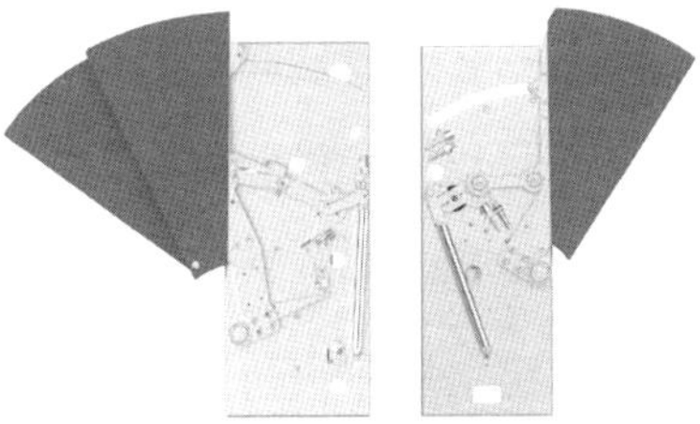

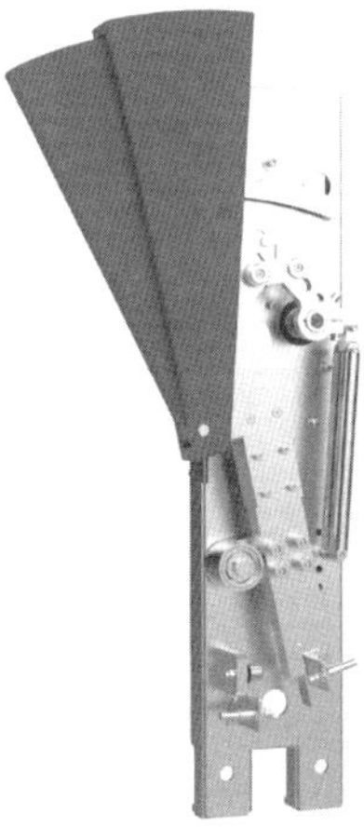

图 8-2　雷格特扇门模块

善用“互联网 + 人工智能”

从 20 世纪 90 年代中期开始，互联网开始了大规模商用进程，信息化迎来了蓬勃发展的第二次浪潮，即以互联网应用为主要特征的网络化阶段。互联网快速发展及延伸，加速了数据的流通与汇聚，促使数据资源体量指数式增长，数据呈现出海量、多样、时效、低价值密度等一系列特征。

当前，信息化建设的第三次浪潮扑面而来，随着互联网向物联网（含工业互联网）延伸而覆盖物理世界，“人机物”三元融合的发展态势已然成型。全方位、全视角展现事物的演化历史和当前状态。

信息化发展的三个阶段，数字化、网络化和智能化。数字化奠定基础，实现数据资源的获取和积累；网络化构造平台，促进数据资源的流通和汇聚；智能化展现能力，通过多源数据的融合分析呈现信息应用的类人智能，帮助人类更好地认知事物和解决问题。

当电脑击败了人类顶级围棋大师时，当机器人开始写作并可以人类流畅对话时，人们开始意识到，要想掌握未来，必须要掌握人工智能。雷格特也清晰地意识到：必须善用人工智能，必须不懈推动 AFC 系统的智能化。

对技术的态度直接决定并影响着雷格特的发展和未来。无论工业 4.0，还是智能制造 2025，都让生产企业拥有了整个生产环境的“数字双胞胎”——从实验室到工厂、从展厅到现场服务。企业可以在制造产品实体模型，建立生产线和投产之前在模拟空间内对复杂产品进行设计、模拟和测试。

雷格特紧跟时代步伐，大力加强公司信息化建设，更新发展公司内部的管理和信息化平台。在引进和替换的数字化管理系统中，一个是 ERP（企业资源计划）系统，这是以现代信息技术为平台，集成了 ERP 管理理念与企业具体业务流程，借助 ERP 应用软件来实现企业的信息化新型管理。另一个是 PLM（产品生命周期管理），支持产品全生命周期的信息的创建、管理、分发和应用的一系列应用解决方案。雷格特通过信息化的方式，提高公司内部的运营效率，不断降低内部管理成本（图 8-3）。

在信息化管理系统独立前，雷格特使用的是东山精密的 ERP 系统，但由于两家公司所处行业和业务属性不同，产品模式不同，一直用得不是很顺畅，工作效率比较低。2018 年年初，雷格特开始建设自己的 ERP 系统，花了半年时间深入调研优选敲定了合作方，并且在原有的软件平台基础之上增设了 PLM 软件开发管理模块。

2018 年下半年，雷格特软件开发平台上的系统和应用两个接口实现了全面互通，产品的设计图纸可以直接转到系统里。员工

图 8-3 2018 年信息化启动大会合照

可以通过公共网络区域下载所需要的资料，便利了各部门之间的交流和协同配合。截至2019年6月底，雷格特第一个阶段的信息化工作全面完成。

第二阶段是进行雷格特车间的信息化和智能化升级。实施过程分为两个方面：第一方面是车间信息化：通过MES系统，从供应商送货扫码、关键物料入库扫码、生产过程扫码追溯、电子SOP，电子看板、项目订单看板、订单物料齐套、成品扫码出入库，通过车间数字化提升，打造透明化车间，提高各环节的作业效率，制程异常记录及处理，产品可追溯，订单全过程管控。第二方面是车间智能化：从物料在仓库按指示灯系统备料，通过AGV配送到车间各工位，前期改造及优化商用产品和模块的自动化流水线（总线组装及配套零部件CELL线、包括产品用特定工具上下线），并通过对产品分析，在部分工位增加机械手工作站，同人工组装协同作业，提高生产效率。

第三个阶段是雷格特全新总部园区的建设。雷格特新总部共有五栋建筑，分别是行政楼、研发楼、综合楼、车间和仓库（图8-4）。研发楼是将各种图纸转变为产品的主要场所，是决定生产效率与产品质量的重要环节，也是企业中员工数量最多的组织，在企业经营中占有极其重要的地位。把整个园区智能化是雷格特的新目标，尤其是研发楼的智能化更是重中之重，需要落实贯彻到研发的工作全流程之中。在不久之后，雷格特新总部将通过工业物联网将包括照明灯、空调、门禁、会议室等进行智能化互联，形成信息化、智能化的整套系统。

公司现有的软件团队一边配合公司内部的信息化建设，将产品与软件对接，一边通过生产智能化管理全面改造新的总部基地，

图 8-4　雷格特新厂房鸟瞰图

打造智慧园区，优化智能化流程。

企业实现信息化管理以后，生产管理模式都发生了较大变动：电子看板使项目信息条理化，省去人工追查，极大简化管理流程；员工的绩效评定体系也得到优化，将工作量与工作效率通过信息平台管理直接关联。这些细节流程的优化，都大大地提高了雷格特的运营效率与运营质量。

双目识别：智能闸机，让梦想照进现实

中国 AFC 行业的闸机设备经历了三代更迭，从人行通行检测和控制的角度，第一代闸机是最早在上海应用的三杆闸机，它机械式地实现了基本的通行功能。等到王建强、袁鑫进入轨道交通行业时，拥有通行逻辑的第二代闸机已经诞生并开始全面市场化。第二代闸机依然不是完美的产品，只是实现了比较人性化的

通行控制，当出现乘客间距过小、拉着或推行大型行李箱、儿童在成人之后跟随等复杂情形时，依旧存在着误判和漏人的问题，甚至还有安全问题。

敢创新、敢拼搏是全体雷格特人的文化共识和一致追求。伴随着技术应用的不断升级，轨道交通 AFC 行业内的竞争也趋于白热化。对于第三代闸机的发展走向和功能定位的探索，雷格特人当仁不让地打起了大旗。

“视觉”是人类观察世界、认知世界的重要功能和手段。用机器模拟人类的视觉功能是人类孜孜以求多年的梦想（图 8-5）。现代立体视觉的开创性工作从 20 世纪 60 年代中期开始，美国麻省理工学院的 Roberts 首先成功地用程序从图像中提取出长方体，棱柱体等多种三维结构，完成了对三维积木世界的解释，把过去的二维图像分析推广到三维，之后立体视觉技术的探索和应用便像积木块一样一点点积累，在随后二十年迅速发展并形成了一门新的学科。

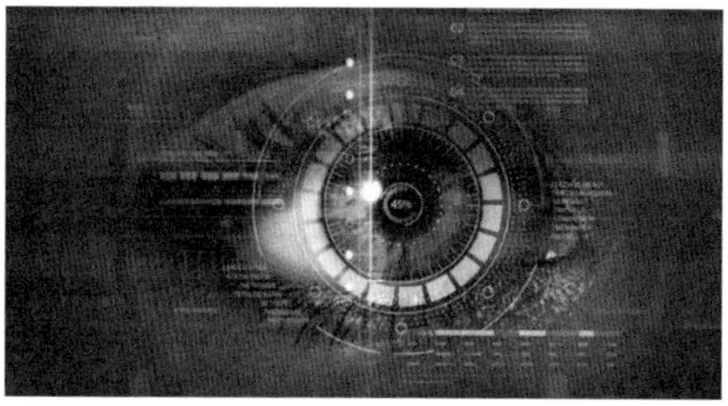

图 8-5　视觉示意图（图片源于网络）

“双目立体视觉技术”基于的是视差原理，并利用成像设备，从不同

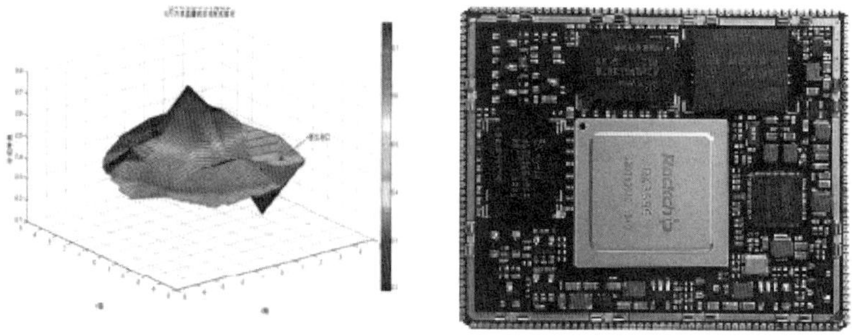

图 8-6 双目视觉技术图像示意图（图片源于网络）

的位置获取被测物体的两幅图像，通过计算图像对应点间的位置偏差，来获取物体的三维立体几何信息（图 8-6）。

创新源于对点滴灵感的不断思考，而年轻又有激情的雷格特将这项技术与智能化闸机的研发联系起来，这一开创性的技术，甚至一不小心影响了雷格特的未来。

早在泰雷兹熊猫时，袁鑫就一直在琢磨如何能让闸机长度缩短体积变小。“为什么不能用摄像机从上方进行扫描检测？”这个想法诞生后，袁鑫很是激动，迅速彻查了当时的技术条件，遗憾的是当时的闸机上只有 16 或 18 个传感器，功能受限，只能对特定物品实现识别检测。

在新一轮的智能 AFC 设备产品研发过程中，雷格特创新性地提出了基于双目深度视觉通行逻辑技术的智慧通行系统控制方案，运用双目深度视觉识别技术解决第二代闸机中还不够人性化和精细化的部分，从而真正意义上实现闸机的智慧化，为“智能交通”和“智慧出行”助力。

2012 年，雷格特将怀揣多年的让闸机具有一双智慧的眼睛的规划提上研发日程。对比了多种技术路线之后，提出了基于双目深度视觉通行逻辑技术的智慧通行系统方案。当时，雷格特的工程师更多地是从事通行逻辑相关的设计工作，对视觉技术和软件算法精通的人不多，于是袁鑫想到了联合高校共同研发的方式，并且与南京大学李扬教授团队一拍即合成立项目开发团队，由雷格特公司提供硬件和逻辑应用相关人力，李扬教授团队提供软件算法，双方精诚合作携手攻关。

研发新一代智能闸机的实验室位于袁鑫的母校——南京理工大学附近的白下科技园区内，李杨教授团队和雷格特研发团

图 8-7　雷格特与李杨团队技术交流

队驻扎在这里夜以继日地展开工作（图 8-7）。

就如之前提到的那样，第二代闸机设备长达 2 米，需要 16 对传感器工作，以实现判断行人和随行物品的通行状态的识别和判断。其实早在北京票改项目时，雷格特团队就意识到了节约空间的重要性，在扇门研发上取得突破后，雷格特研发团队希望在闸机的通行逻辑控制上有所创新。

双目深度视觉通行逻辑技术闸机的模型是在实验室里实现的，从草图到原型机的过程令团队的每个人都记忆深刻。不过，能够将设计师的想法从图纸跃然而出到初步实现，同时验证了双目深度视觉技术在实现闸机通行功能的可行性，让大家看到了梦想可能成真的希望。但雷格特所倡导的特色化智能化双目闸机还未真正诞生。中途，李杨教授出国交流，研发项目因故暂停。在李杨教授回国后，对研发团队成员进行了调整和优化，由之前的研究生替换为博士生，研发团队再次起航，继续朝着更高的难度进行探索。

市场对空间节约是一种本能需求共识，而第二代闸机的识别精度低导致的不安全事件如扇门的夹人也频繁爆出，雷格特认为此刻已经到了被市场倒逼着需要创新的地步了。第三代闸机不仅要“瘦身”，还要能够通过计算机视觉技术，用类似于人的视觉来判断通道中的目标类型并且根据情况给予不同的控制策略，特别是形态、体积不寻常的情况，比如轮椅、行李箱、手推车或者是紧随成人身后的小孩等要确保通行安全。

最初的双目识别器功能不稳定，只能够从物体的高度和大致形状作出判断，会把轮椅、大体积的行李箱、手推行李车误判为比较胖的人，误以为是逃票行为，从而发出错误的拦截指令。雷格特不懈研发，通过在实验室以及现场采集大量数据，对样机的不断迭代升级，双目深度视觉技术开始真正实现了准确识别分辨成人、儿童和物体，并智能化的识别判断是否应该放行，从而迅速给出正确的指令，具备了推广落地的条件（图 8-8）。

创新性的技术研发，不只是技术实力的比拼，还有心态上的挑战。袁鑫是一个沉稳并且严谨的人，他向雷格特研发团队成员强调稳步求进，厚积薄发，不要想一口吃成个胖子。袁鑫制定了十分详实周密的开发计划，明确了团队成员的分工和职责，并且进行十分具体而严苛的周进度考核。雷格特技术部员工回忆道："袁总会对大家的工作进度进行详细检查，不放过

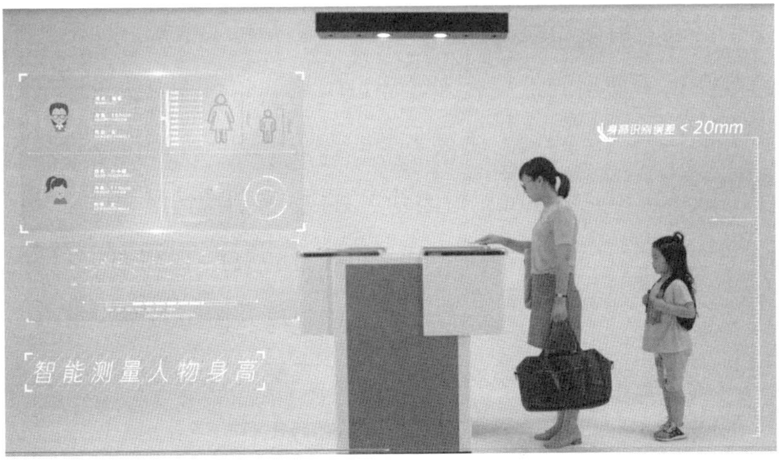

图 8-8　智能测量身高，保护儿童安全

任何一个细节。每次周五晚上的总结会压力都很大，一旦没能按时完成任务，他都要求加班加点赶进度，不允许任何人拖整个项目的后腿。”袁鑫对待科研严谨认真的态度，为研发项目的顺利进行和最终的应用成果提供了有力保障。

袁鑫强调：“大事细化的思路，才能使开发变得简单，而简单比复杂更难做到。你必须努力理清思路，使复杂变得简单，这是格局和认知上的提升。将心沉下来，寂寞不再是寂寞，困难也将不再是困难，能把各种顾虑和杂念都抛诸脑后，才能轻松完成创造性的工作”。

通信逻辑模块的研发早期是由国外企业，如泰雷兹、固力保等行业寡头垄断主导的，国内起步较晚。在20世纪90年代初，这还属于创新性的通行逻辑产品，也经过多轮次的复杂测试和不断的产品迭代，才能保证产品质量和顺畅应用。雷格特深谙这一点，所以在新一代智能闸机开发完成后，反复测试长达一年。

即使成功的目标近在眼前，也应该心平气静完成每一步的奋斗和跋涉。雷格特采用了最原始的方式——通过真实行人刷卡进站的方式进行反复测试。这个方法看起来很笨，远不及用常规测试中使用的纸片人来循环过闸测试效率来得快，但是纸片人形状是固定的，无法真实模拟现实中的行人通行场景。为了测试环境和应用环境尽可能趋于一致，雷格特情愿“笨”一点。

每天午饭后，技术部工程师们就主动放弃午休时间，反复用这种笨方法真人过闸进行测试。为了提升测试效率，雷格特与苏州高博软件学院达成合作共识，将设备放到学校实验室进行测试，一方面减轻了雷格特工程师的工作负担，另一方面又为产业园中轨道交通方向的学生提供了学习和实践的机会。

天道酬勤。2018 年，第三代视觉逻辑通行闸机终于诞生了，双目摄像头安装于 2.9 ～ 3.1 米的闸机顶端，设备外形从原来的 2 米减少至 1.2 米，降低了 40% 的长度，而且更加轻薄，甚至看起来不太像“闸机”了（图 8-9）。随着图像处理技术和计算机技术的持续发展和提升，机器视觉技术以越来越成熟的形态实现了人眼观测和大脑处理信息等功能，同时具备较高的测量精度和较快的运行处理速度，极大程度实现了机器自动化、智能化要求。计算机视觉技术必将应用到各个领域中，等到地铁线路数据全部物联网化，即可通过遍布在这些区域的视觉传感器快速反映各个站点、车厢的客流信息，为智慧出行奠定技术基础。

袁鑫对于该设备研发生产过程中的一点一滴都如数家珍，他百感交集：“第三代视觉逻辑通行闸机就像我的孩子”。作为人行通道领域的颠覆性设备，第三代视觉逻辑通行闸机改变现有轨道交通检票闸机设备的形态，并使检票通行开始朝着无感方向前进成为一种可能。由于箱体机器变得更短更薄，可以

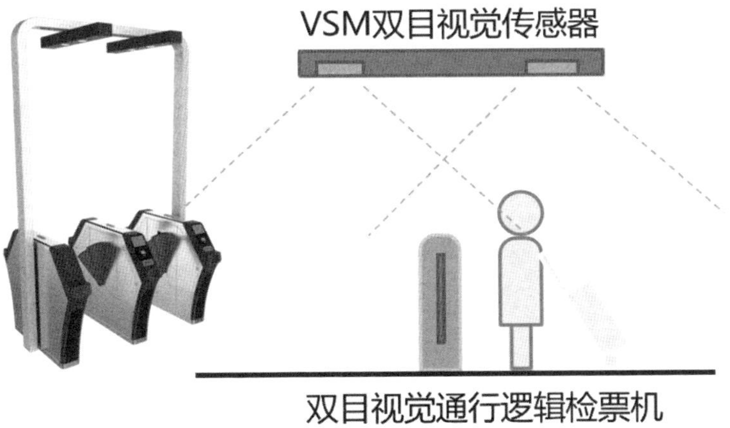

图 8-9　双目视觉闸机示意图

预见在大规模量产以后的机器成本反而会比传统设备降低，更增加了其推广应用的可行性。

目前，双目深度视觉通行逻辑技术闸机现在已经在北京T2航站楼、北京S2号线、北京地铁5号线东单站（图8-10），重庆国博站等应用，基于双目深度视觉通行逻辑技术开发的边门也已经在大连、厦门、北京、重庆等地试装，获得了客户和行业极高的评价。

值得一提的是，双目识别技术的应用，更指向了中国AFC设备的未来发展方向——高度系统集成与智能化。传统设备通过闸门的开关状态引导人的通行状态，定点刷卡降低了通行速度造成极大的不便，而随着双目识别等技术的应用，系统通过算法分析行人在通行前的状态，根据速度体态等差异提前预警锁定人员，再根据面部识别技术等进行后续抓捕处理。随着全国信用体系的进一步完善，该系统的处理方式有很广阔的应用前景，实现全面的“云通行”指日可待。

图8-10　北京东单项目双目识别闸机

防疫闸机：为守护生命健康贡献力量

2019 年年底，新型冠状病毒肺炎突如其来。在疫情防控的关键时期，机场、高铁、学校、小区、医院等公共场所，由于人流集中、人群来源分散，是防止疫情扩散的重点区域，防控工作尤其关键。

在国内疫情基本得到控制后，全国各地陆续推出了防疫健康码登记的管控措施，核验健康码成为疫情防控的重要手段之一。在最初的健康码核验过程中，存在着人工核验繁复、核验真实性存疑、人员通行缓慢、存在交叉感染风险、数据追溯困难等问题。

2020 年 6 月份开始，市场上开始陆续推出了健康码防疫闸机，对出入管控区域的内外部人员进行口罩检测、体温检测和健康码核验，以技防和机防逐渐替代人防。在前期的推广过程中，由于受政策限制，仅有少数省份针对特定场景开放大数据中心健康码访问接口，且终端使用单位需满足严格的审批规定，方可通过后台数据接入申请，导致健康码防疫闸机无法在更广泛的区域和单位全面发挥作用。

针对健康码防疫闸机出现的应用瓶颈问题，2020 年 9 月份，上海市第六人民医院和雷格特携手进行科研攻关立项，希望实现通过计算机视觉技术快速高效识别随申码的信息。立项通过后，雷格特快速组建了以技术中心软件团队为核心的研发小组，1 个月内完成了核心板、摄像头等关键器件的选型、验证，健康码状态核验算法、健康码识别通行子系统、健康码数据后台的一系列开发。通过雷格特自主研发的健康码防疫闸机系统，可

图 8-11　雷格特研制的新一代防疫闸机

以独立解析随申码信息，判断是否为随申码；判断随申码颜色信息，如“绿码”“黄码”“红码”；提取随申码页面时间戳信息，验证时效性；提取随申码页面的姓名信息；提取随申码页面的照片（图 8-11）。

在研发过程中，雷格特团队遇到了各种困难：如环境光过强，导致摄像头的曝光带来识别速度慢的问题，需要通过定焦、补光来缓解；截取不同尺寸手机随申码图片，对于分辨率大小难以把握，导致信息截取不完整，解析出的数据有残缺项；二维码像素点的定位提取颜色，对于颜色区间值的设定……最终通过不断的分析、论证、修改和测试，问题逐一得以攻克。考虑到医院部分场景中空间受限，雷格特特意推出了两款超小型闸机，并配备通行底座，从而实现了快速安装和迁移，避免破坏医院既有装饰设施及影响正常运营。在整个研发期间，软件团队全员不仅主动放弃了所有节假日，而且经常需要熬夜加班工作至凌晨，最终得以一步一步完善了软件系统。

在完成实验室环境测试后，上海市第六人民医院提供了现场测试环境，雷格特分别在住院部及体检中心，各部署双通道，在现场实际试用的环境中，进一步对设备的性能、稳定性、业务流程的合理性等多次验证和反复确认。在验证期间，雷格特特意派出了以软件、售后等四人组成的现场工作团队，全面收集、记录现场问题，每日开会讨论设备在试用期间遇到的硬件问题反馈至公司进行备料和升级改造，软件问题和业务流程问题则在现场进行梳理和优化。同时，现场工作团队还结合医院管理诉求，推出了流行病学问卷调查功能，快速核验流程，全功能核验流程。经过长达半个月的持续优化，雷格特的防疫闸机（图8-12）最终获得了卫健委领导、院方领导及各科室工作人员的高度评价。以此为契机，雷格特的防疫闸机迅速在上海各大医院、疫苗接种点和社区医院等应用场景落地。

在打开上海市场的同时，雷格特依托视觉技术健康码核验的优势，针对其他省份健康码页面布局、信息快速适配，并积极对设备进行标准化和批量设备预投。对于开放健康码大数据接口的城市及具备访问资质的终端使用单位，雷格特同时拓展防疫系统接口功能，为客户提供不同的选择。于是，雷格特防疫闸机开始陆续进入苏州、淮安、沈阳、广州、南京、武汉等市场（图8-13、图8-14），并从医院拓展至火车站、汽车站等场景，在短短不到半年的时间里，雷格特的防疫闸机设备销量已达到300余条通道，成为近两年来雷格特商用市场的一款主打产品。随着疫情常态化防控的持续，以及健康码功能的拓展，雷格特的防疫闸机还在源源不断地走向全国各地新的市场和新的应用

图8-12　雷格特研制的新一代防疫闸机

图 8-13　应用于独墅湖医院的防疫闸机

图 8-14　应用南京火车站的防疫闸机

场景，为中国任重道远的疫情防控工作继续贡献着有口皆碑的雷格特力量。

智慧车站：精益求精，只为点亮东方之门

在为客户服务、开拓市场方面，随着 2020 年国内各大城市建立“智慧车站”的需求，雷格特通过不断的市场调研和产品分析，站在乘客和业主的角度去思考，怎样便捷乘客，怎样为业主提高效率，降低成本，从而设计整理了一套智慧车站 AFC 系统专用设备方案，目前正在苏州进行“东方之门智慧车站”（图 8-15）试点，经过有效验证后会在全国各地铁城市进行推广。

东方之门试点项目是浙大网新和雷格特联合实施的项目，该项目源于 2020 年上半年的一次例行技术交流。当时正处于新冠疫情肆虐的非常时期，几乎所有的中国 AFC 相关企业都开始研究无接触的通行服务，让原来并不热门的“智慧车站”概念变得火热起来。相对谨慎的苏州地铁也积极顺应潮流，开始探索智慧车站的发展方向。

图 8-15　东方之门智慧车站整体布局

2020 年 3 月 25 日，雷格特在与苏州运营一公司的双目闸机技术交流会中，交流到了智慧车站的发展方向，业主提出了一些构想，双方多次深入交流，雷格特在 4 月做出了初版方案。其实，当时智慧车站到底是什么，需要做成什么样子，在全国范围内并没有成熟的方向和案例可以参考。

2020 年 10 月初，苏州地铁集团总工室的交流会议中，业主明确了苏州地铁 3 号线试点改造东方之门站点，由浙大网新和雷格特联合承接；苏州地铁 1 号线试点改造狮子山地铁站，由华虹计通和永旭负责承接。业主明确要求，该项目是为建党 100 周年献礼的重要工程，必须保质保量完成。并且智能客服中心作为智能车站的重要组成部分，要完全采取无人化的运营模式，实现安全通行服务以及人员优化的目的。

最初业主表示只需要建设智慧客服中心，不需要双目闸机，后经过市场经理王小波的努力推荐和大力争取，苏州地铁愿意试用双目闸机。这也是苏州地铁首次愿意接受双目闸机试用，迈出突破性的一步。

东方之门地铁站位于苏州现有地铁线路中最繁忙的商业中心，在该站点进行智慧车站试点无疑具有标志性的意义，并且也是“智慧交通”形象展示的重要窗口。本次试点项目规划包含智慧客服中心、双目智能闸机、双目智慧边门、智慧票务处理终端，以及咨询机器人等设备。在东方之门地铁站全面替换原有站厅设备，从而可以检验智慧车站相关设备上线后，能否可以明显提高乘客的通行效率和服务满意度，以及是否可以在一定程度上减少运营的成本。

按照与业主商议的项目计划，雷格特负责的相关设备需要在 2021 年 5 月中旬完成生产，并在 6 月中旬布置到苏州地铁运营一公司大厅中进行模拟车站布置，供地铁公司专家调研和相关领导参观考察，同时作为“迎建党 100 周年庆”的设备展出。

为了确保顺利完成任务，雷格特委派刘正淋组队一个团队，经过刘正淋、严陈、袁泉、张健、沈文锋等相关工作团队成员不辞辛苦，连续三天从早 9 点忙碌到凌晨 2 点左右，终于赶在 18 日完成交付。为保证 7 月 1 日当天的演示不出任何问题，雷格特软件开发人员刘辉更是从 6 月下旬开始每天守在现场，反复确定软件的接口，只为 100% 满足 7 月 1 日的演示条件。

最终，7 月 1 日的演示圆满成功。由雷格特自主研发生产的 1 套智慧客服中心、1 套双目智慧边门、3 个双通道双目闸机、1 套自助票务处理机 SBOM 顺利安装在苏州地铁运营一公司（竹园路 880 号）的大厅中。技术经理刘正淋回忆：“该项目难点主要有 5 个方面：其一，是雷格特历史上首次生产使用完全无人式的智慧客服中心设备；其二，多次拆装，安装调试过程要求复杂。雷格特需要在公司生产布局，然后发货给浙大网新调试软件，再发回现场进行布展，最后再施工安装到地铁站（需要出多个详细的方案，展厅和车站最终的布局不一致）；其三，设备种类较多，在布展大厅内的大理石地面不能损伤，还要能达到智慧车站的效果，需要做一个展台，双目模块的安装需要做一个很长的龙门架来支持 3 个通道闸机 1 个通道边门的双目模块；其四，地铁站的具体安装位置还未确定，需要拆除旧设备安装新设备；其五，多家企业联合开发且都是免费赠送配合难度极大（集成商：浙大网新，语音模块：思必驰，机器人：科沃斯，人脸模块：八维通，纸硬币模块：广电运通，整机设备：雷格特）。”

“东方之门智慧车站的设备有很多创新，”刘正淋笑着说：“传统客服中心需要有人值守处理这收费、付费、查询等业务，而智慧车站所设立的智慧客服中心，则不需要有人值守。智慧客服中心设立面向车站的付费区和非付费区，两侧设计了可供 4 名乘客同时使用的服务设备，该设备具有人脸识别、语音交互等人性化功能，可以为乘客提供全方位的自助服务，具备售票和票务处理，非现金票务处理和信息查询、登记、注册等乘客所需要的全部乘车功能，提升了乘客的体验感，大大减轻了车站运营人员的工作量。

“智慧车站里的双目闸机机身长 1400mm，比传统闸机长度减少 600mm，闸机短小轻薄，既提升了设备的可靠性，也降低了车站站厅的占用面积，提高了空间使用率。闸机应用了双目视觉通行控制技术，可以通过刷卡、二维码识别、人脸识别进出车站。闸机通过顶置的双目立体视觉传感器来检测通道内的行人和物品，可以精确识别目标类型并同时跟踪多个目标，其中识别大件行李不会误关门、儿童在成人前后均可通行、识别小孩身高精准以及对孕妇友好安全性高、对未刷卡的乘客抢行能够识别，这 4 项功能是传统闸机所不具备的，极大地提高了通行效率。

“采用了双目视觉通行控制技术的智慧边门，已经完全改变了传统闸机的形态，但仍然具备正常闸机的通行检测功能。这款设备可以应用于多种场合，对车站工作人员、免票人员进行管控，同时也可以集成二维码、单程票、IC 卡、人脸识别等各类的验核技术。SBOM 可以完成车票查询、语音问询、票务处理等功能。”

罗马不是一日建成的，创新不能一蹴而就。雷格特是一个有梦想的团队。一群人，一件事，一个梦，一条心。既要脚踏实地，辛勤奋斗在每一个工作细节中，又要仰望星空，让创意厚积薄发，让梦想照进现实。面向未来，雷格特不迷失、不懈怠，始终自信满满地朝着梦想的方向不懈前进，只为奔赴并且拥抱必将灿烂美好的未来。

不断完善的产品研发体系

人体的基因和 23 对染色体的排列组合，构成了数十亿个差异化的个体。而企业的基因也决定了它发展成长的逻辑和轨迹，酝酿并且指导着企业一步步重大的变革。毫无疑问，创新是雷格特的企业基因，也是它迈出新步伐、奔赴新征程的根本动力。

这是一个人才至上的时代，人才是企业发展的核心竞争力，也是产品研发的灵感来源。雷格特拥有一支极具创新能力、丰富专业经验和资深技术能力的团队，其中各类专业技术人员40余人。而雷格特在不断成长发展中，也一直在加大人才投入，扩大企业技术体系和设计体系团队的规模，致力于打造一支能力突出，多点互补的高质量团队，为客户提供性价比最优的产品与最优质的服务。

当然人才的培养需要有相配套的“设备”，若缺少坚实而富有前景的事业平台，人才也就无用武之地，屈居小才，错失大才。雷格特注重员工对公司的创新型贡献，真正让员工敢想敢做，不断提升企业创新活力。

在公司新厂房的建设蓝图中，研发楼单独成幢，在公司整体布局中占据着十分重要的地位，数据中心、数据监控中心、物联网中心、信息安全中心……智慧厂房将生产共联，数字化管理提高生产效率的同时也优化了员工的工作体验。

在企业日常事务管理上，雷格特也在打造集物料管理、生产管理、质量管理为一体的MES智能工厂系统，为跨部门的顺畅交流协作和提高工作生产效率打下了坚实的基础。

优秀的队伍、坚实的平台、完善的制度、高效的流程，一起构建了完善的雷格特研发体系。而在当前社会环境下，与研发体系相对应的知识产权保护也不可或缺。

中国对知识产权保护的催生弱长成了它最大的软肋。而近日华为中兴事件更将知识产权保护推到了风口浪尖，强化知识产权保护迫在眉睫。在日新月异变局丛生的今天，企业必须像顽石里迸射生机的新芽，积极的吸收光和雨露，向上生长，激烈地争夺阳光。雷格特作为一家科技型企业，技术研发是孜孜不倦的养料和竞争实力。自然需牢牢保护现有专利，使其发挥最大价值。

目前，雷格特共申请了 116 项专利，其中已授权的发明专利 9 件、实用新型专利 41 件、软件著作权 14 件，外观专利 3 件。知识产权的本质是保护智力成果和科技成果，创造更加有序的市场营商环境。因而一个企业的科技实力一定程度上可以从专利授权的数量上看出豹之一斑。自 2016 年以来，中国的专利局势发生了较大的变化，长期的韬光养晦，形成了一定的积累和成果，我们已经追得够近了。

专利的产生基于积累，不能一蹴而就。在雷格特成立的这几年里，知识产权保护始终与知识产权的产生并行。它的每一个专利都标志着一个新阶段的产生。

专利保护具有一定周期性，申请专利的同时意味着专利的公开，正所谓“专利申请的同时意味着技术的过期”。因此，如何在黄金时间段内利用好专利，有时会成为一家企业成败的关键。

幸而雷格特在这层面处理得很优秀。作为一项技术的先行者，雷格特投入大量时间金钱完善技术，并转入生产。在市场上博得头筹，具有很强的竞争力。

图 8-16 朝气蓬勃的雷格特团队

第 9 章
企业文化巡礼

我骄傲，我是雷格特人。我自豪，雷格特如此特立独行。无论什么时候，无论身处何方，请一定不要忘记，苏州的山水和亲切友善的同仁，始终和我们情牵一线，心心相印。

雷格特起名轶事

说起雷格特这个名字的由来，也是饶有趣味。由于创始团队成员都是从泰雷兹熊猫辞职出来创业的，给企业取名字的时候，大家一起头脑风暴，希望集思广益创意一个和“泰雷兹熊猫”相关的名字，以告诫自己不能忘本。

辅金松想了一个名字——“雷泰智能”，这个名字在创业最开始的几份文件中出现过，显然当时受到了一定程度的重视。

还有人开玩笑地说：“不如就叫‘盖雷’吧，我们得矢志超过老东家泰雷兹熊猫呀！”这个名字在大家哄堂一笑之后，就被扔进了垃圾箱。

现在使用的“雷格特”这个名字是公司创始团队成员、现在雷格特的技术掌门人袁鑫和他妻子的创意，“Legate”是英文的一个缩略词，le 是 leader 的简称，中文“领先”的意思，gate 就是闸机的翻译，雷格特从最早起就致力于成为人行通行控制领域的领航者，而“Le”在法语里就是英文“The”的意思，“Legate”在法语中的意思“这就是闸机”，标准式的最好的闸机。

图 9-1　雷格特成立时的企业 *Logo*

图 9-2　雷格特新版企业 *Logo*

雷，如雷贯耳。格，格调、品格和风格。特，特立独行。大家一想，不仅寓意丰富，而且非常响亮。于是，“雷格特”这个企业名称就这样诞生并沿用至今了，并在中国 AFC 行业书写出了很多故事创造了很多传奇（图 9-1、图 9-2）。

一个具有特别含义的名字，寓意着一份初心和一个美好的开局。从取名开始，雷格特便对自己未来的主营业务和发展战略有了清晰的定位——专注于行人通行控制系统业务。

新厂建设：想给员工安个“家”

甪直古镇位于苏州市吴中区，与姑苏城同龄。2500 年的岁月赋予了这方热土悠久的历史和厚重的文化。如今，雷格特的新厂房也在这片美丽富饶的土地上屹然矗立着。

厂房是企业发展的根据地，也是员工们的家。2010 年初春，雷格特在太湖之滨芦苇荡漾风景宜人的东山成立。雷格特人一路摸爬滚打奋勇拼搏，只为早日建立起大家共同的家园。工作中的辛苦和劳累无法避免，但给员工创造一个良好优越的工作

图 9-3　雷格特用直新厂房

环境，给产品研发和生产制造创造一个宽敞明亮可供施展拳脚的空间，一直是雷格特人的期盼。而在这个新建的厂房（图 9-3）里，雷格特就力求满足每个雷格特人对“家”的想象和期盼。

除了基本的功能属性外，新厂房从设计开始，就致力于为全体员工营造轻松的氛围。曹东平微笑着谈起他对这个“新家”的设想：“我提议做一个员工活动区域，面积至少要五百平米以上。员工可以在这里打篮球、健身、打台球、打乒乓球，还必须有配套的浴室，运动完后可以方便冲澡。最初设计时，设计师做的方案还是普通厂房的样子，后来我们就不断给设计师提个性化要求，强调我们雷格特要建设的不只是一个厂房，还要成为一个让全体员工热爱工作生活在其中的家园。这个家园是大家凝心聚力共同追梦的一个载体。即使以后有人离开了，也会在这里收获满满的美好回忆。”（图 9-4 ～图 9-8）

图 9-4　雷格特健身大讲堂

图 9-5 雷格特健身俱乐部

图 9-6　雷格特篮球前热身

图 9-7　员工健身

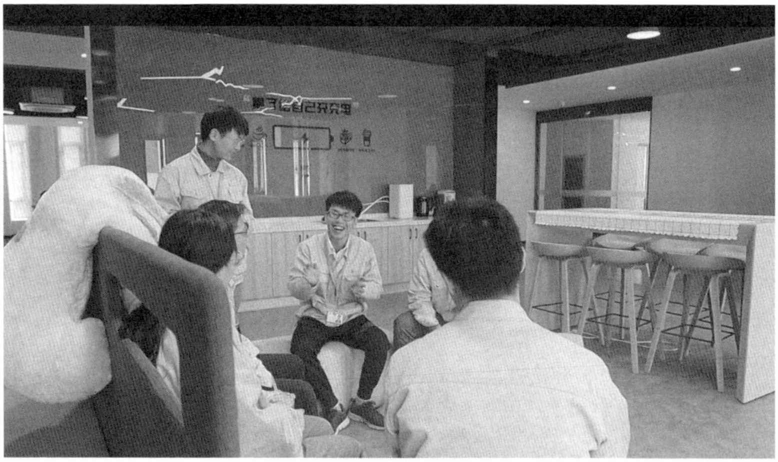

图 9-8　茶歇区

对于每一名员工来说，“归属感”是他们工作的定心丸。曹东平补充道：“在最初的设计中，建筑外墙的成本很高，后来我反复筛选比较了很多材料，最终选择了一款经济环保的新型材料，也节省下了一百多万元，我们把这个钱用于优化内部的装修和配套设施。雷格特更看重的是人文关怀的部分，比如茶水间、阅读室、母婴室之类的，我们希望员工也能成为雷格特企业文化的践行者和主人翁，而不只是一个单纯的雇员和打工者。”

雷格特反对“金玉其外败絮其内”的虚伪和矫饰，而是要真实有效地改善优化员工的工作环境，切实丰富员工的精神生活。像曹东平所说：“好钢就要用在刀刃上。新厂房的环境不一定要多么高大上，但是一定要温馨舒适，让置身其中的每个人都感受到家的氛围。”雷格特新厂房总体的建设要求，就是要从工作生活的细节上一点一滴的精心设计，最终让每一个员工能够切实感受到公司的用心和关爱。

根据著名心理社会学家马斯洛需求层次理论，人只有获得他人尊重，才能满足最终需求——自我实现。作为独立的个体来说，每一个雷格特员工都有获得尊重的心理需要。从基础设施到人文关爱，雷格特就是要彰显对每一个员工由衷的尊重和关爱，使他们感受到了自我存在和自我实现的价值。

只有这样，企业和员工之间才能产生精神上的呼应和共鸣，从需要与被需要的工作联系和雇佣关系，上升为命运共同体的和谐共生关系。雷格特洞察到了员工的精神需求，需求得到满足，自我价值得到实现，发展空间得到保证，每一个员工都会对雷格特投入更多的工作热情，企业的凝聚力和战斗力也会更上层楼。

走进王建强的办公室，会被两样陈设抓住眼球。一样东西是悬挂在王建强座椅背后的世界地图。王建强作为雷格特的掌门人，毋庸置疑，拥有中国的灵魂世界的胸怀，对于探索和征服更广阔的世界充满了野心与好奇。星星点点的城市在这张广袤的世界地图上星罗棋布，每一个小点，每一条直线曲线都有它存在的重要意义。所以，这不只是一张世界地图，还寓意着一张恢弘梦想的蓝图。另一件吸引眼球的是架子鼓，这似乎和董事长办公室本该有的商务氛围格格不入，但是它恰恰传递出王建强和雷格特共同的精神画像：激情四射，永远年轻。

王建强的人文情怀让人感动，而他的“身先士卒，以身作则”也让全体雷格特员工体会到了平等和谐的氛围。为了更好地融入这个社会，融入团队和公司，时间会磨去每个人的个性和棱角，但是在雷格特，自上到下，每个人都在力求保持着不变的初心，保护着最初的梦想，素履向前，勇攀高峰。

通过这个不一样的新厂房，王建强和创始伙伴们想要告诉全体雷格特员工：在雷格特，每一个员工都值得厚待和尊重，每一个员工的未来都美好可期。因为雷格特不只是一家以盈利为目标的公司，更是全体员工共同热爱的梦想家园。这个家园会守护和荫庇着每一个雷格特人——这里是播种希望的沃土，它将陪伴着每一个员工成长，陪伴着雷格特继往开来，续创辉煌！

用人之道：我们要和员工谈钱

在相对柔软温和的人性化工作氛围下，雷格特也很欣赏华为的狼性文化。华为掌门人任正非说过："烧不死的鸟就是凤凰。"狼性，意味着极度敏锐的嗅觉，强烈的目标导向，不达目的不罢休的精神，为达目的不择手段的狠辣，达不成目标时就要毫不容情的问责。

管理学涉及一个原理，叫做"木桶效应"。说的是一个由不同长短、大小木桩拼接成的木桶，它所承载的水量不是看最高的木桩有多高，而是取决于最短的木桩有多短。雷格特的员工也存在隐形的"木桶效应"，每个人的专业素养、学习与接受能力以及自我成长与改进能力都存在着很大的差异性。

雷格特虽然没办法让全员都成为"高木桩"，不过一直呼吁倡导，不管是管理者还是普通员工都要拥有进取心和上进心。面向未来，雷格特将继续坚持"引进—培养—激励"三步走的制度，每个员工入职公司之后，都会有完整的实习生培训体系让员工快速融入新环境。工作中对员工的评价也力求客观而全面，坚持以人才为本，鼓励员工创新，并且公平公正，注重激励，绝不因为新员工进入公司时间短而吝啬资源。在"以人为本，尊重员工”的理念导向下，雷格特也形成了清晰的绩效评定制度，用人力资源部陈燕华的话来说：“做得多得多，鼓励多劳多得，我们不会辜负每一个努力的人！”

2016年，雷格特于新三板挂牌，在挂牌前进行了一次股改。只要在雷格特辛勤工作满三年的员工，根据绩效表现都可以拥有不同额度的股份，股权激励是雷格特对员工辛勤付出的肯定与回报，也是公司布局长远发展规划的战略眼光。

以“主人翁”的心态投入工作和生活，员工的满足感和工作动力都会因此而倍增。但是，雷格特也有一条道德的红线——希望员工为人处事符合“仁义礼智信”的标准。雷格特鼓励员工争创佳绩，但是更希望员工秉承积极向上正直美好的人格。千里之堤，毁于蚁穴。倘若在工作生活中缺失了品行与道德，则失去了值得信赖的价值。不论员工的职级和层次，雷格特都秉承公平公正，一视同仁。“谦和、友善、诚信、扎实、专业”，这是雷格特对每一名员工的要求和期待。

谈钱似乎落入了俗套，但事实上，金钱又是大多数人工作谋生的核心诉求。王建强直言：“和员工谈钱，雷格特有这样的坦诚和底气。谈钱，是对员工能力和辛勤付出的尊重。很多公司都在抱怨招不来好员工，说员工不敬业不愿意吃苦，实际上员工都是愿意吃苦的，他们愿意吃的是工作的苦而不是生活的苦。员工对工作的抱怨只是表象，其抱怨的根本原因是受了委屈，认为自己的付出和收获不成正比，宝贵的时间和辛勤的劳动被廉价销售。”

真正的好老板不会夸夸其谈和你谈理想，也不会将你捆绑在公司价值观上，要你为公司无私奉献。他一定会和你谈实在的钱，让你生活无忧实现自己的价值。理想不是空头支票，不是公司墙上的标语，而是实实在在的收入，是和公司一起共同奋斗的现实，以及共创共享的美好未来。

鼓励务实创新

在周超加入雷格特之前，雷格特的业务发展和工作开展经常被资源不足和能力有限等条件所束缚。新老员工和跨部门的沟通协调不足，工作任务的开展和推进过程中，常常出现不可调和的矛盾。例如，公司业务在持续扩张，人才需求很大，但雷格特的总部所在地东山镇离苏州市区比较远，所以人才引进一直存在掣肘。

当时的情况下，许多岗位甚至一两年都没有招到合适的人，导致部门经理直接投诉人力资源部，当时的人力资源部负责人陈燕华也很委屈，满怀委屈地辩解："公司地理位置过于偏僻，周边也没有什么配套，薪资又给不到位，怎么可能招来优秀而合适的人。"周超找陈燕华谈话，并且问她："雷格特给你的工资是不是最高的？如果不是，你为什么要选择留在雷格特呢？"

周超明确指出，人才招聘的结果是要为企业发展引入适合岗位需求的人才。如何在地理位置和周边配套不齐全等资源制约的前提下创造其他条件吸引人才，才是人力资源部应该认真考虑的问题。对于雷格特来说，除了薪资之外，企业文化、晋升渠道、发展空间等也有其独特的吸引力。通过周超一语中的的指导，人力资源部招聘团队茅塞顿开，自此之后改变了招聘沟通的技巧和侧重点，人才引进的效率立刻变得顺利了起来。

以小见大，员工招聘只是雷格特坚持问题导向和目标导向，从源头上解决问题的一个方面。周超强调：“在雷格特企业制度化建设过程中，全体员工们应以目标为导向，善用现有资源，创造条件去解决问题和矛盾，想办法向目标靠近，最终顺利实现目标。”

“完美”只是一个无限接近的状态，在资源有限情况下，雷格特在经营上更加谨慎，在制度的规范建设和流程的梳理优化上开始发力。2018年7月，雷格特半年度工作会议达成共识——雷格特经营发展应该勤练内功，务实创新，尽量避免形式主义的扩张和跨越；在发展方向的选择必须力求实事求是、因需制宜和因时而变，而不是好高骛远贪功冒进；当资源或能力不匹配时候，更不能以赌徒心态去贸然试错。

两年来，雷格特本着求真、务实、开拓、创新的发展基调，一切从心开始，一切重新出发。以正道的发心和积极向上的行动，印证良好的初心，不懈创新发展，理上悟，事上磨，心上练，行上修，雷格特和全体雷格特人由此焕然一新，在知行合一务实创新的道路上稳步前行。

倡导终身学习

世界瞬息万变，有人无动于衷，有人与时俱进。企业的起步阶段，最重要的是求生存。但是穿越了十年风雨坎坷的雷格特，已经步入了朝气蓬勃的青年时期，在夯实了发展根基之后，企业对于员工的要求和企业经营发展的思路已经大相径庭。

身为雷格特的核心管理层，王建强、周超等人意识到，伴随着雷格特的发展壮大，企业管理关注的重点不能只是局限于业务和订单，还要抬头眺望更大更远更广阔的世界。雷格特必须不断创新，不断突破，实现可持续发展。雷格特管理团队成员，也必须更加专业，更加深入系统地思考企业战略、企业管理、产品创新、公信力和影响力的缔造、竞争力的推陈出新和竞争对手的分析、行业定位以及未来方向等一系列课题。

完成一项工作，做到是本分，做好需要一定的能力。在做好的基础之上还能提出指导性的改进措施，要求又会变得更高。从步入学堂开始，我们就被老师告诫“学习是自己的事”。但在雷格特，管理人员对待员工的学习更愿意“扶上马送一程”，雷格特希望通过指导与要求，给员工的自我学习加大压力并且点燃动力。雷格特尊重并且相信每一名员工的潜力和创造力，认可他们的付出，也愿意帮助他们学习和成长，让每一名员工都能专业胜任独当一面。

当时担任雷格特售后保障部经理的刘正淋对此深有体会。总经理周超刚加入雷格特时，一直给每个管理层开必读书目清单，让他们仔细阅读并撰写读书报告汇报阅读感受（图 9-9）。刘正淋回忆道：“最开始，我并不是很理解，毕竟已经离开学

图 9-9　周超启动读书会活动

校多年，工作又那么忙，就觉得没必要也没热情继续看书。”直到2018年员工大会上，不管是优秀团队、优秀职业经理人，还是优秀员工，往年评选都榜上有名的售后保障部以及他本人都榜上无名，他才幡然醒悟，意识到学习的必要性和重要性。

亡羊补牢并不晚，刘正淋马上行动了起来，主动去图书馆找管理学方面的书籍看，并定期参加各项培训，慢慢明晰管理者该有的定心和定位。也真正自发自觉地意识到，伴随着企业的发展壮大，只有不断学习，不断进步，才能真正带好团队，才能为雷格特的可持续发展贡献智慧和力量。

王建强鼓励全体雷格特人在挑战和机遇并存的时代，坚持梦想，洞悉趋势，把握先机，不断学习、创新和超越，共创雷格特黄金十年，共享美好未来。王建强强调：“立足现在，面向未来，雷格特从上至下都需要学习和成长，只有在学习和成长中，我们才能相信未来趋势相信创新和变革、相信团队、相信自己。”

在雷格特十周年庆典到来之际，王建强感慨道：“十年来，不管是产品研发升级、业务模型创新，还是企业管理优化和质量管控加强，以及售后服务的完善等各个方面，我们都在不懈探索、精益求精，而这所有变化中，我们唯一不变的就是我们创业的心态和创新的精神。面对雷格特下一个黄金十年，全体雷格特人已经做好了准备！”

坚持批评与自我批评

雷格特每一年的年终总结，都有一个特别的环节：对上级提出意见或建议，前提是每个员工所提出的意见或建议必须是基于观察与共识。在雷格特，提出意见或建议的目的不是为了批评本身，而是为了更好地达成工作任务和团队目标。

批评与自我批评是一项需要掌握“度”的文化。倘若掌握不好“度”的轻重，也缺乏观察和共识，就容易制造同事之间的矛盾，打破团队内部的和谐。

在雷格特，批评与自我批评是为了管理的优化和流程的建设，最终的目标是提升企业的战斗力和竞争力。遇到问题时，只反映问题是入门水平；遇到问题，能够思考并解决问题才是高级水平。雷格特倡导每一名员工客观地将管理问题提上台面，开诚布公地进行交流。若是误会，通过诚恳的沟通和换位思考加深彼此之间的理解便可，若是真正存在错误，越早提出来，对企业的健康发展的积极作用越大。

在过去几年批评与自我批评的实践过程中，雷格特员工们也充分利用了这个机会，说出了他们心中的“不满”与质疑。例如，2016 年半年度会议上有人问：绩效考核制度的设立是不是为了扣钱？于是以王建强便耐心地回答了相关问题，并特别邀请当时还没加入雷格特的周超给大家连续上了几堂与此相关的课，让大家系统理解绩效考核的意义及作用，既安抚了员工的情绪，也提高了工作效率。

周超在前行的道路上不断为大家鼓劲加油，他反复强调：“企业快速发展过程中必然存在各种各样的问题，不能工作不顺利就想要放弃，再好的公司都有问题，再不济的公司都有优点，公司和上司的存在的问题和不足往往是你脱颖而出的机会，抱怨和埋怨公司就是在放弃机会。”

企业管理就是艺术和技术的结合，周超深谙其中的道理。

在雷格特，他倡导坚持以问题和结果为导向，在发现问题、直面问题和解决问题的过程中抓管理的思路。只有高效、快速的解决问题，才能实现理想的结果，顺利达成工作目标。

除了接受别人意见和建议，适时自我批判也很重要。人力资源部的陈燕华坦诚直言，她认为自己还不算是一个合格的雷格特人。陈燕华根据自己对雷格特的认识，拟定了雷格特人的资格评定表格，逐条对照之后的自评为 B。自加盟雷格特起，陈燕华便开始思考雷格特的“企训”——“谦和、友善、诚信、扎实、专业”的含义。她认为雷格特人应是一个勇于承担责任的人，一个具有团队合作精神的人，一个有上进心善于学习的人，一个善于了解洞察他人需求，对结果负责，不达目的誓不罢休的人。陈燕华认为她的工作表现和这样的标准还有一定的差距。

谈到如何才能成为合格的雷格特人，陈燕华说：“身为公司管理层需要有和公司相符的价值观、战略眼光以及卓越的认知能力；中层也必须注重价值观，同时重视专业性和管理能力；基层员工需要具备解决问题的能力。我希望自己通过在公司的不断磨练，从 B 提升到 A，做一个真正合格的雷格特人。”

对任何事物的正确认知，都是一个实践、认识、再实践、再认识，往更高层次循环的过程，是一个不断自我肯定和自我否定的过程。一个固步自封、不求上进的人，就像一个只愿在一个山头停留徘徊的的登山者，永不可能登顶新的高峰。

坚持批评与自我批评需要抛开面子，勇敢地直面自己的缺点，暴露自身的不足，而不是文过饰非得过且过，这需要极大的勇气。但是当批评与自我批评成为一种习惯和文化，就能使得团队里的每一个人都不骄傲自满，积极为组织造血，朝着更优更好的境界协力前行。雷格特是一个勇于拼搏的创业公司，也是一个积极向上的大家庭，若人人都勇于批判和自我批评，就能不断作出改正和优化。只要每个人每项工作进步一点点，整个公司便能朝着更好的方向发展。

从实习生培训看雷格特的企业担当

如果说应届毕业生是一张白纸，那实习生则是造纸的原木，有着无限的可塑性。雷格特自 2017 年开始正式启动实习生培养计划，从生活融入工作培训，全方位地为实习生提供事业成长的阶梯和发展的平台，力求为实习生的职业生涯打好坚实的根基。

肖迪作为应届毕业生，大学学的是机械工程专业。2018 年 1 月，他通过雷格特严苛的校园招聘面试，正式加入雷格特。从离开校园的那一天起，他就对未来的工作充满了好奇和憧憬，雷格特是他职业生涯的第一站。

1 月份的苏州，寒冷却不刺骨。苏州站里人来人往，肖迪拖着行李箱对眼前的陌生环境感到有些无所适从。

“雷格特的新员工，请看这里！”一声热情的呼喊响起，一个鲜红的迎站牌在喧闹的人群里无比的醒目，肖迪心里的不安全感被那句热情的招呼抚慰了，漂泊的游子心顿时有了停靠的港湾。

从苏州站到雷格特有约一小时的车程，在前往东山的路上，舟车劳顿的肖迪安心的睡着了，对一个孤身前往苏州工作的毕业生来说，雷格特给了他足够的安全感。

肖迪正式开始了他的职场人生。公司不仅为新员工提供了宿舍，还提供了可口的工作餐。肖迪对雷格特人性化的安排感到非常惊喜，他打电话给父母报平安细数公司的各种好，父母悬着的心也慢慢放了下来。

实习生的实习周期为一年，肖迪先进行一周的入职基本工作技能培训，再是为期三个月到公司五个部门的轮岗实习，以及为期九个月的暂定岗实习。

培训期间，雷格特会系统地向实习生介绍企业基本概况和企业文化，穿插软件使用和礼仪教育，觉得这样的培训有趣生动而不晦涩。在参加训练的过程中，老员工们也会向实习生介绍风景秀丽的东山，并且带他们领略苏州的传统美食和风光人情（图 9-10、图 9-11）。

为期一周的培训安排得紧张而充实，肖迪感到受益良多。随后，轮岗阶段正式开始，质量部是肖迪实习工作的第一站。

对于雷格特这家专注于设备制造的企业来说，质量保证是公司不可逾越的底线，当时公司质量部的丁立强和实习生反复强调："一旦出错，100 － 1=0！"兰州地铁 1 号地铁线自动售

图 9-10 周超主持实习生培训启动会

图 9-11 组织实习生游览东山美景

票机主面板贴面调整文字位置后，未认真和机箱实际尺寸比对，导致生产在制的232台售票机贴面全线整改；越南河内地铁2号线直接沿用其他项目金属线槽设计，没有核对和现有机箱是否匹配，结果导致批量金属线槽返厂切割……这些雷格特成长过程因质量管理问题而导致的惨痛教训和巨额学费，给肖迪敲响了警钟。肖迪清晰地记得在轮岗时，导师让他写一份质量分析报告，他一不小心在表格的表头上多加了冒号，导师的神情瞬间变得严肃："改！没商量，没借口。"肖迪感到压力，但是也深知，只有这样严谨的企业才能可持续地发展。而平日里一向友善温和的同事对待工作一丝不苟的认真细致态度，也是让他钦佩不已。

随后在工艺部，肖迪跟随工艺工程师学习所有设备和模块的物料清单表导入；在制造部，他亲手组装了一台闸机；在技术部，肖迪熟悉了各种不同机器的通行逻辑及核心原理；在采购部，他接触到了模块、钣金等不同方面的供应商，尽管大学学机械专业，基本的原理可能都模模糊糊知道一些，但AFC行业的专业知识，对于他来说都是新奇特的体验和挑战。

轮岗结束后，选岗时，人力资源部同事看出了肖迪的犹豫，耐心地倾听着他对各部门的看法，也耐心地给了他建议。最终他根据自己的兴趣和判断，选择了在技术部实习。雷格特给了肖迪自主选择部门的权利，也给他创造了明确的发展空间和晋升路径。

如今的肖迪已经完美地融入了雷格特大家庭，回想起自己在实习培训和轮岗过程中的所学所得，肖迪感慨地说："从那时候，我就体会到了雷格特是一家十分有责任心的企业，对于实习生的培育和指导非常细致和耐心，让我很快就融入了团队适应了角色，并且爱上了雷格特这个温暖团队积极向上的大家庭。"

雷格特员工培训“背后的秘密”

孤身一人在陌生的城市闯荡职场是大多数人的就业常态，尽管都知道贵人有多重要，但能受之恩惠的还是凤毛麟角。但在雷格特，这种无私的传帮带服务会覆盖到每一名新员工。

雷格特对于新员工的培训流程设计和相关要求，主要是源自公司创始人王建强。他希望每个部门负责人和老员工对待实习生和新员工要像严苛的父母一样，既关心生活工作的难点和困难，更要提供很好的实践锻炼机会，让实习生在实习期间真正学到技能，不断成长，收获满满。实习不可以是一段冗杂经历和形式主义的流程。王建强要求每一个部门负责人和老员工都要主动无私地为实习生充当师傅和贵人的角色。

王建强刚刚进入华士电子时也是一个什么都不懂的毛头小子，只有一腔施展才华的热情。在实际工作中经常因为经验不够，考虑不周全而影响工作效率，遭遇各种各样的困难。很幸运的是，他在华士电子遇见了周超（图 9-12）。

图 9-12 周超 2005 年华士电子年终聚会发言

周超比王建强年长，但是彼此志趣相投，经常指导和协助王建强处理工作和个人情绪上的麻烦。后来，由于华士电子老板窦念守突发疾病猝然离世，给王建强带来了不小的打击。周超看到王建强比较消沉郁闷，就开着车带着他外出兜风，在湖边上像朋友一样席地而坐聊天。年轻苦闷的王建强于是把自己所有的疑虑和盘托出。

他坦言自己正面临着是否离开华士电子的抉择，令王建强意外的是，周超并没有极力劝他留在公司，而是给他耐心地分析了公司的现状和未来发展前景，让他自己斟酌考虑。王建强念及老板的恩情以及周超的知遇之恩，最终选择留了下来。

在华士电子任职期间华士电子做了一次股份制改造，老板娘要拿五个点的股权出来，奖励核心骨干员工。王建强虽然工作成果显著，但和资深前辈一比，当时的他还是稍显资历不足，最终王建强没能进入股权激励名单，仅分得了 1% 的股权，于是周超去找老板娘说："建强是一个难得的人才，我们一定要把他留住。我可以把我自己的股权分一半给他。"周超的无私和对他的器重，深深地震撼了王建强，也加深了两人之间的情义。

"一个心底无私乐于成就别人的人是值得信赖的工作伙伴和人生挚友。"王建强笑着说，"这也恰恰是我要坚定地请老周加入雷格特的原因。"2017 年，周超加入雷格特担任总经理。"爱出者爱返，福往者福来"，周超对王建强有着知遇提携之恩和关怀眷顾之情，王建强想把这份温情传递下去，也期待着周超带领着雷格特进行体系化成长和蝶变。

与此同时，王建强也希望将这份人与人之间彼此关爱相互成就作为一种企业文化，植入雷格特的基因之中，从新员工培训开始，让每一个员工感受到部门负责人和老员工对自己的传帮带和真心实意的提携和关怀。王建强强调："口碑是企业的活招牌，员工既是雷格特的客户，也是雷格特的朋友和亲人。从他们加入雷格特的第一天开始，我们就要对他们负责到底。"（图 9-13）

图 9-13　雷格特的传帮带文化

第 10 章
我与雷格特的故事

为创新高屋建瓴，为发展出谋划策，为项目劳碌奔波，为未来诚挚祝福……聆听来自雷格特人心底的声音，你就会知道，我们对于雷格特的热爱，同心共振，如斯深沉。

宋梅芳：十年感恩心，风雨共征程

岁月的脚步总是不停。才转眼间，宋梅芳在公司已经度过了十多个春夏秋冬，伴随着公司的成长壮大，她见证了公司的发展过程，感到万分的幸运和无比的自豪。回首公司十年多的点点滴滴，一路走来，一路感动，一路感激。

她经历了公司的飞速发展，见证了公司从当初只有十几人的小团队，发展到现在二百多人且有一定规模，从只负责整机装配到线缆、卡模块、扇门的自制，双目闸机的生产，从 2010 的 6 台移动闸机到 2020 年有 1.8 亿元的销售额，从以前东山的 2 栋租赁车间到现在拥有了自己宽敞明亮的现代化工厂。公司的产品不断在研发和创新，公司的订单一年比一年多，现在每年从公司生产部生产近万台整机和模块，在全国各地乃至海外遍布了雷格特的产品，成为 AFC 行业中的佼佼者。

公司的飞速发展也使宋梅芳不断成长。她入职时是车间的一名线缆工人，对设备一窍不通，经过自己认真的摸索和工程师的耐心指导，对线缆制作从了解到熟练，后来领导给了她做线缆班长的机会，一干就是八年，后来随着公司业务的发展，领导又安排她负责闸机组，从带领线缆组到带领闸机组，这对她也是一个不小的挑战，幸好有一帮热心同事的指导，让她快速成长。

这也是她收获友情和温暖的十年：记得 2012 年接到台湾信义松山项目，为了赶项目春节只放假 3 天，大家齐心协力，按时、保质、保量完成任务。有的项目急交期短，为满足客户临时安排通宵员工没有抱怨，大家齐心协力，公司也提供了温暖的后勤保障。2019 年公司开展了体验式拓展活动，让大家感受到了有效沟通、齐心协力、团队力量的重要性。

这些年有人问宋梅芳是如何坚持下来的，其实，有时候她也一直会问自己，当时怎么会坚持下来的，现在想想她的眼光是不错的，她的坚持是正确的，她就很自豪地告诉他们，我们公司领导关心下属，同事间氛围好，餐厅伙食好。我们雷格特就是潜力股。

在未来的日子里，她会和她的伙伴们继续在雷格特大舞台上贡献我们的力量。在平凡岗位上发挥余热。迎接下一个更加灿烂辉煌的十年，同时也衷心祝愿公司蓬勃向上，再创辉煌！

刘正淋：我曾三次想要离开

2011 年 6 月 2 日，刘正淋加入了雷格特。从当初的实习生到 2017 年 2 月被任命为售后保障部经理，他用了六年时间。在过去的 9 年时间里，他曾三次想要离开。

第一次想要离职是在 2013 年 9 月，那时的他在制造部担任北京项目的工艺负责人。当时，还有另一名工艺工程师也被分配到这个项目，由于工作任务繁重需要分工协作。刘正淋要求该工艺工程师按时完成一个文件，该工程师心想自己和他是平级关系，所以没有理会他的工作需求，依然自顾自地做事。多次爆发矛盾后，年轻气盛的刘正淋冲动地向上级领导何飞提出了第一次离职。何飞耐心地开导他，为他分析利弊，但他当时憋着一口闷气，坚决想要离职。

雷格特 AFC 项目总监陈华军找到了他，他没有劝阻刘正淋，而是讲述了发生在他身上的故事。刚当上总监，责任也大了很多，他爱惜每一个能为雷格特事业添砖加瓦的人才，也希望让每一个人才尽可能发挥价值。经过推心置腹的沟通，刘正淋被打动了，答应留下来继续干。这次离职过程，加深了他对雷格特的认识以及对领导的敬佩。没多久，凭借扎实的技术和突出的工作表现，刘正淋就升职为工艺主管。

2014 年，刘正淋第二次动了离职的念头。那时宁波地铁 1 号线项目正在进行，刘正淋常年在外奔波，女朋友当初是为了他才来到苏州，偌大的苏州也只有他一个亲人。但是刘正淋常常加班到深夜，女友多有委屈和怨言。两个人之间三天一小吵，十天一大吵。刘正淋爱岗敬业，但对女朋友实在过意不去，无奈之下就给曹东平和何飞发了一封辞职邮件。

刘正淋诚恳地说："我要说声对不起，因为已经决定'抛弃'雷格特了，内心充满了自责、痛苦、纠结、无奈，最终还是下定决心……"辞职信字字恳切。这个两年累计加班了 430 小时的雷格特战士，还是选择摘下雷格特的工牌。这一次，王建强直接找到了他。

周末午后的咖啡馆，王建强、刘正淋、刘正淋的女朋友在桌前坐下。

“你的人生目标是什么？”刚坐下，刘正淋面对王建强这个突如其来的提问愣住了。回应王建强的只有长达三分钟的沉默。当时的刘正淋25岁，他坦言说自己从没想过自己真正要的是什么，其实离职以后打算做什么也是迷茫的。那个下午，时间过得飞快，直到一名女士走进了咖啡馆，她径直走到了王建强的身边，礼貌地向刘正淋打招呼。她就是王建强的妻子，妻子叮嘱王建强记得去接在附近上课的女儿。可老师左等右等没人来，只好给王建强妻子打了电话。

刘正淋的女朋友看到了王建强妻子对于王建强的理解和包容，也感受到了王建强作为董事长对于刘正淋的关爱和器重，于是对刘正淋也多了一份理解。刘正淋想起了他的直接上级何飞曾对他讲过一句话：“人有三次改变命运的机会：出生、结婚、跟对人。”

王建强再次问起刘正淋的目标，刘正淋果断地说：“我要陪伴着雷格特一起成长，见证雷格特成为一家伟大的百年企业。”他的眼里闪着光，此刻，从前稚嫩的大男孩俨然成熟了。

第三次提离职是在2017年10月，当时刘正淋已经是公司售后保障部经理，已经娶了女朋友为妻，并且有了孩子。那时候，正值北京票改项目，时间紧任务重，他却有了更多的牵挂。妻子一个人带不过来嗷嗷待哺的婴儿，还没来得及入住刚刚装修好的新家，刘正淋就把妻子孩子和行李一起带到了北京。一家三口虽说住在一起了，但施工现场总会有数不清的事情需要刘正淋去处理，孩子还在襁褓之中，妻子一个人在家中忙得手忙脚乱。孩子又一不小心掉下了床，妻子倍感心痛，刘正淋也陷入了深深的自责。当家庭与事业实在难以平衡的情况下，他无奈之中再次提出了离职。

图 10-1 刘正淋拖家带口奔赴北京票改现场

这一次，公司直接给刘正淋放了一周的假期，让他好好放松一下。刘正淋于是带着妻子孩子回了一趟老家。经过几天的休整过后，妻子主动让他回北京上班。从此以后，再也没有因为刘正淋的工作忙碌而跟他争执吵闹。刘正淋的妻子说：“雷格特是一家很好的公司，王建强是一个好老板，值得你一直追随。”（图 10-1）

从实习生、工艺工程师、工艺主管、制造部主管、制造部副经理到售后保障部经理，刘正淋一直用心地对待每一个岗位，雷格特给每一名员工提供足够宽广的舞台。如今的刘正淋，已经是公司核心部门技术团队的部门经理，在责任和压力之下他重拾书本，勤学管理知识。刘正淋说：“作为一个部门负责人，最不可取的是只看到个人，我们至少要看到整个部门，最好是看到整个公司，而王总不仅看到了整个行业，还带我们一起看到了更广阔的世界，所以我要勤于学习跟紧他的脚步。”

问起对刘正淋的印象时，王建强突然眼睛一亮，说：“刘正淋真的非常棒，是一个值得信赖的人才，我相信他无论在哪家公司都可以做得很出色，而雷格特很幸运地留住了他。”

陈燕华：我的工号是 8

2010 年，陈燕华的妈妈在东山精密工作，看到办公楼里雷格特在招聘员工，想着女儿在原公司工作得不太顺心，就喊着女儿来面试看看。

雷格特周末双休，陈燕华特意在工作日请假了两个小时过来面试。听说这只是个刚成立的小公司，不知道靠不靠谱。初来乍到陈燕华也不知道应该找谁去面试，在二楼过大上第一眼就看见了身材修长的袁鑫。陈燕华急忙走过去询问袁鑫。袁鑫问她来应聘什么岗位，她回答说人事。

“对面。”袁鑫的手往对面一间办公室指了一下。没错，当时的雷格特只有两间办公室，一间是集体办公的大开间，还有一间就是王建强个人的办公室。

公司要发展需要招聘人才，雷格特正想招个专业的人事来做这件事，而陈燕华专业对口也富有热情。就这样，陈燕华加入了雷格特，两周以后，她成为雷格特除创业团队以外的第一名员工，工号是 8。

“我当时做的事情很杂，因为刚开始业务还很少，我就什么都做，就像雷锋说的螺丝钉，哪里需要往哪里去。”陈燕华也没想到，她在雷格特一待就是十年多。

陈燕华回忆道：“雷格特初创时规模小，也没有打卡制度，规定的八点半上班，全靠自觉，但印象中没有一个人会迟到早退。东山地处偏远，下班后也没有什么娱乐项目，大家就一起聚下餐，彼此之间没有什么层级隔阂，相处起来很是轻松开心。”

陈燕华平时工作生活中遇到困难，也会主动找创始团队成员聊聊天。现在企业壮大以后，这样的机会已经越来越少，陈燕华很怀念那些把酒谈笑的日子。

陈燕华回忆道：“东山镇有摆流水酒席的风俗，无论婚丧红白喜事都会请亲朋好友欢聚一堂，请来厨师，临时在空地上搭个木棚，摆上流水席，吃上三天三夜。2014 年雷格特的迎新晚会，曹东平特意找来了一个厨师，租来了桌椅，在车间里摆起了流水席。车间里的闸机被临时移到一边，用一条红色‘警戒线’圈出了年会的场地。大家用栈板搭出了T形舞台，铺上卷边的红色地毯，挂上横幅，再吹上几个气球，年会会场就算完成了，虽然简陋但也温馨。那年的迎新年会，大家吃得热火朝天。”

那年雷格特组织大家年会吃火锅，火锅料被师傅切得整整齐齐码在盘里，大家自助取用。可是锅不够啊，于是公司便召集大家自己带锅。料峭的寒风在屋外飒飒吹着，可大家还是吃得开心而满足，陈燕华感慨道：“和自己的兄弟姐妹在一起，吃什么都是香的。”

现在企业壮大以后，这样的机会已经越来越少，陈燕华很怀念那些日子。“记得有一次月度例会，会议结束后，王总给所有参会的人准备了一份惊喜，是一束很漂亮的花和一盒巧克力，后来知道开会的那天是情人节，还给我们致歉，当时我们都很感动，大家都收到了来自我们王总的心意。”

艰苦的企业初创期已经过去，雷格特发展壮大以后，公司目标和要求也在不断提升，不过初心始终没变，但在陈燕华心里，那年那月的美好回忆，值得一辈子牢记和怀念。

赵志超：相伴同行，共同成长

2012年5月29日，赵志超从苏州大学城市轨道交通通信信号专业毕业，他拖着大编织袋，里面装着锅碗瓢盆。那年的他刚刚24岁，带着对未来发展的迷惘和期许，从大学校门直接跨入了雷格特的大门。九年来，他在雷格特工作、恋爱、结婚、生子，赵志超说：“雷格特对我来说，就像一所家庭式的学校，包容错误，鼓励成长，我在这里度过了最美好的青春年华。”

入职不久，技术总监袁鑫找到了他，和他谈起了未来规划。赵志超闷着头不知道该说些什么，毕竟他还是个刚从学校里出来的小白。袁鑫不厌其烦地向赵志超介绍各个岗位：“每个岗位职责不同，对口的专业也不同……”就这样，他们沟通了一个下午，待到夕阳西斜时，赵志超对自己的职业规划也渐渐明晰，他立志要在雷格特做一名优秀的电器工程师，也如愿地成了袁鑫的“大弟子”。

记得赵志超第一个接手的模块项目“成都 2 环路 BRT 项目硬币块”，当模块投入运行时出了很多的问题，公司让赵志超别怕，分析好原因，一定把它解决掉！还记得赵志超参与的第一个整机项目“北京路网中心测试平台”，和涂工、季烨一起通宵达旦，终于得到了客户的认可，赵志超才敢稍松一口气。还记得那被外界认为在 AFC 领域不可能完成的任务的“票改二期自动售检票机改造项目”，赵志超和他的小伙伴们经历了很多个难忘的通宵达旦，终于啃下了这个硬骨头。这一幕幕，这 3200 多个日日夜夜，赵志超和公司，和兄弟姐妹们一起体会到了创业的艰辛，也一起分享成长的喜悦。还记得赵志超第一个承担项目组长的“沈阳地铁 10 号线项目”，赵志超和他的小组的同仁，工艺部和制造部的兄弟姐妹一起奋斗，看着样机从图纸走上展台，看着业主们在验收纪要上签下那一个个信任的署名，他们为此“痛”并快乐着。

赵志超永远铭记着他在新疆 BRT 项目中犯下的错误，他当时就已经打定主意：等问题解决后，就引咎辞职。因为他犯下的错，导致公司遭遇了很大的经济损失。可是，在赵志超提出离职后，上级领导没有答应，反而宽慰他，说公司有容错机制，让员工从错误中汲取教训，反思并且纠正，不再犯同样的错误并不断成长。

没有指责，只有宽慰和帮助。这件事虽然已经过去了很多年，但始终烙印在赵志超的心里，也时刻警醒着他不能再犯同样的错误。怀着感恩之情，他一天天努力着，也一天天成长着。赵志超感慨地说："我会死心塌地做雷格特人，而且要做一个合格并且优秀的雷格特人。"

赵志超不善饮酒，这在雷格特也算独特，大家经常拿这事调侃他。去呼和浩特参加展会时，王建强甚至在饭局上还不忘开玩笑地说："谁能让他喝下一杯酒，加 2000 块钱工资。"尽管赵志超最后还是没有喝酒，但是他真的很感动，他没有想到作为雷格特掌门人的王建强竟然非常了解他，而且可以这么没架子，平易近人。

赵志超妻子也是雷格特以前的同事，因为怀孕生子，才离开了雷格特回到张家港老家。尽管两地分居，但妻子十分理解支持赵志超的工作，也很信任雷格特。为了兼顾工作与家庭，更努力地工作，更好地生活，现在赵志超已经在苏州安家了，与雷格特这个"大家"离得更近了。

赵志超说："我骄傲，我是雷格特人，我想要一直扎根苏州，留在雷格特。我相信雷格特一定会拥有光明灿烂的未来，而我也将继续和雷格特相伴同行共同成长。"谈起未来，赵志超充满了信心并且饱含期待。

赵志超在雷格特的故事还有很多，他的成长之路也是雷格特不断成长和成功之路。随着年龄的增长，技术的提升，雷格特赋予他的责任也不断加码，这是信任更是期望。

2020 年 11 月，雷格特也搬至甪直新办公地，迎来一个新的里程碑。兴奋之余，赵志超时刻提醒自己，只有永远的压力才能保证有永远的动力，只有时刻保持崭新的状态才能经久不衰。他与雷格特一如既往地勇敢前行！

周超：梦想启航

时光荏苒，日月如梭

感谢

每一个秉持“谦和、友善、诚信、扎实、专业”的你

与雷格特共同走过了不平凡的十年

春夏秋冬的更替中

每一个普通，但不平凡的你

一直是那样努力

也许，在不经意之间

你我忘记了时光的转瞬而过

或者，在某个年终岁尾

我们会惊讶地发现

雷格特伴随自己又走过了 365 天

东山 甪直 莫厘峰

AGM TVM 卡模块

这样的文字

只有雷格特的你我他

才能懂得之间的联系

设联与投标

评审和打样

采购与组装

测试和发货

每年几千台的设备

在我们的汗水中、疲倦中、痛苦中、欣慰中

悄然诞生

最终

成为各个城市地铁站里

带有雷格特人骄傲的标志

新十年的雷格特

更以专业和创新

拥抱机遇

面对挑战

不辜负客户、家人、伙伴的期望

一如既往地努力向前

希望，蓄势待发的你我

在追梦的道路上

披星戴月

照亮彼此

祝愿，团结向上的我们

披荆斩棘

继续前行

图 10-2 梦想起航

素履向前，相约下一个十年

2021 年 5 月 8 日，我们迎来了雷格特新厂房落成暨成立十周年庆典。它承载着雷格特过去十年的累累硕果，更将开启雷格特恢弘璀璨的未来蓝图。十年跬步积累，十年寒暑磨砺，这些经历都已变成了雷格特人的丰富经验和精神财富，并将伴随着我们继续前行，再创辉煌。

与雷格特共同走过不平凡的十年，我们的欢声笑语回荡在东山、太湖、莫厘峰的每一个角落，现在，又延续到了角直，我们的艰辛和汗水铭刻在售票机、检票机、卡模块的每一个流程中。设联与投标、评审和打样、采购与组装、测试和发货，每年几千台的设备，在我们的汗水中悄然诞生，最终成为各个城市地铁站里带有雷格特人骄傲的标志。感谢在岁月的流逝和四季的更替中，每一个普通但不平凡的你，陪伴雷格特一起逐梦前行、不懈奋斗。你们努力奋斗的样子，真的很美！

下一个十年，雷格特将继续秉持“谦和、友善、诚信、扎实、专业”的企业精神，进一步推进 AFC 系统设备产业化和国产化，铸就备受行业尊敬和客户认可的雷格特的品牌；雷格特将以专业和创新，拥抱机遇，面对挑战，不辜负客户、家人、伙伴的期望，一如既往地努力向前，进一步加大产品研发，进一步提升雷格特的核心竞争力和品牌影响力，让公司经营管理和发展从优秀迈向卓越。

下一个十年，在以王建强董事长为首的公司高管的正确领导和“建设雷格特品牌，树立行业标杆”战略的指引下，我们将继续弘扬雷格特精神，积蓄雷格特力量，劈荆斩刺，乘风破浪，以更加辉煌的成就回报所有关心和支持我们的政府领导、各界朋友、合作伙伴，以及为企业成长不懈奋斗的伙伴、员工以及你们的家人，去不断践行、弘扬“提供秩序、文明、安全的场景——门的价值”的初心愿景，促进中国城市轨道交通 AFC 行业继续稳健发展。

雷格特未来布局图

展望未来，雷格特将以更加饱满的热情和更积极的社会责任感驰骋在 AFC 行业领域，助力人类便捷有序出行，谱写新的事业传奇——2010 年的我们蛟龙出海，扬帆起航；2021 年的我们腾龙换鸟，从心出发；下一个十年的我们必定龙腾神州，笑傲世界！

希望蓄势待发的我们，在追梦的道路上不忘初心，继续素履向前；祝愿团结向上的我们，凝心聚力，照亮彼此——让我们相约下一个十年，让我们憧憬下一个十年，让我们开启并且创造下一个十年。一群人，一件事，一条心，续写雷格特事业崭新的精彩华章！

往事虽逝志长存，
素履独愿证初心。
双目视觉观天下，
矢志开启未来门。

附录一

雷格特大事记

2010 年　2 月　公司正式成立

4 月　公司设计制造 A 版闸机

5 月　公司设计制造 B 版闸机，并于次年 1 月获得外观设计专利

10 月　公司首个 AFC 项目——北京移动闸机项目首批闸机交货并投入运营

11 月　获得 ISO9001:2008 体系证书

2011 年　3 月　获得签订苏州地铁 1 号线自动检票机项目，这是公司 OEM 的开始

8 月　获取模块——票卡回收模块 (TRM) 专利

9 月　新厂区 AFC 专用生产线开始投入使用

9 月　获得公司第一个全设备 OEM 项目——成都地铁 2 号线 AFC 项目

2012 年　1 月　首个实用新型专利“移动式检票机”获得授权

2 月　获得台湾信义松山地铁线项目——首个闸机整机 ODM 项目

6 月　提出双目视觉原理应用于通行控制领域的理念

12 月　产品“自动检票机”获得江苏省高新技术产品认定

12 月　公司通过江苏省经信委“江苏省科技型中小企业”认定

12 月　公司首个发明专利“一种票卡传送机构”获得授权

2013 年　1 月　签订无锡地铁 1 号线屏蔽门项目

2 月　法人王建强获评“2012 年吴中现代服务业领军人才”荣誉称号

6 月　通过江苏省科技厅“江苏省科技型中小企业”认定
7 月　通过江苏省民营科技企业协会“江苏省民营科技企业”认定
8 月　通过江苏省科技厅“江苏省高新技术企业”认定
9 月　签订台湾高雄扇门合同
11 月　签订沈阳新松澳洲项目扇门合同

2014 年　10 月　通过江苏省社会信用体系建设领导小组办公室江苏省企业信用管理贯标
10 月　首个软件著作权扇门通行逻辑“SZLG-PCM-01 PCM 板软件 V2.33”获得授权
12 月　获得首个全线设备 ODM 项目——福州地铁 1 号线项目
全年订单总额首次突破 1 亿元

2015 年　6 月　公司组织吴江格林公园拓展活动
8 月　成立员工持股平台
9 月　获得新疆 BRT 整机闸机项目，创造了从设计到交货仅 50 天的奇迹
11 月　产品“卡式单程票发售模块”获得江苏省高新技术产品认定
11 月　产品“卡式单程票回收模块”获得江苏省高新技术产品认定
11 月　公司全体发起人召开创立大会，股份公司成立
12 月　苏州地铁云购票机试运营，引导轨道交通互联网 + 潮流

2016 年　1 月　控股子公司自主研发轨道交通云购票 APP“土行孙”上线使用
4 月　公司新三板挂牌，证券代码：836812，正式登陆资本市场
7 月　产品“AFC 终端设备通行控制器”获得江苏省高新技术产品认定
9 月　产品“民用剪式门”获得江苏省高新技术产品认定
9 月　产品“筹码式地铁单程票自动售票机”获得江苏省高新技术产品认定
10 月　成立控股子公司“苏州雷格特交通装备有限公司”

11 月 通过苏州市科技局“苏州市工程技术研究中心”认定

12 月 第二次通过“江苏省高新技术企业”认定

12 月 公司入选 2016-2017 苏州市瞪羚计划企业库

12 月 通过苏州市经信委“苏州市企业技术中心”认定

2017 年 2 月 陆续签订北京票改二期项目约 1.6 亿元订单，并于当年完成改造，刷新业内速度

3 月 加入中国城市轨道交通协会，并担任理事会员

5 月 公司公布 2016 年股东权益分配方案：向全体股东每 10 股配送 5 股

6 月 加入中国信息产业商会自动收费系统专业委员会，并担任理事会员

6 月 空间加入苏州轨道交通产业协会，并担任副会长

7 月 周超加入雷格特，担任公司总经理

8 月 产品“基于标准化接口技术的自动检票机”获得江苏省高新技术产品认定

11 月 产品“二维码兑票机”获得江苏省高新技术产品认定

12 月 成立雷格特控股子公司——四川铁山雷格特智能设备有限公司

12 月 西安二维码改造项目以 2 个半月时间顺利完工

公司全年营业收入首次突破 1 亿元大关

2018 年 5 月 公司公布 2017 年股东权益分配方案：向全体股东每 10 股送 10 股

6 月 法人王建强获评“江苏省科技企业家”荣誉称号

7 月 公司启动信息化项目

8 月 公司举办设计优化表彰大会

9 月 双目视觉通行逻辑检票机第一次亮相 AFC 展会

9 月 苏州吴中区甪直新厂区地块竞拍成功，并于 11 月获得吴中区甪直镇 21.7 亩土地的不动产登记证书

10 月 公司参加甪直镇“智汇吴中 智造甪直”集体开工开业仪式

10 月 通过江苏省科技厅“江苏省工程技术研究中心”认定

公司年度设备出货量在国内 AFC 行业排名第一

2019 年 1 月 公司举办新建厂房开工奠基仪式

1 月 参加编制《中国城市轨道交通团体标准自动售检票系统设备与模块规范第 2 部分：自动检票机》，袁鑫任组长。

2 月 获评吴中区 2018 年度高成长科技（专利）企业

4 月 吴中区区长陈嵘来公司调研

5 月 公司公布 2018 年股东权益分配方案：向全体股东每 10 股配送 4 股

9 月 公司获评“新三板企业商用信用奖”

10 月 法人王建强获评“东吴科技企业家”荣誉称号

11 月 第三次通过“江苏省高新技术企业”认定

12 月 法人王建强获评“2019 年度苏商未来之星”

2020 年 2 月 公司高效组织防疫攻坚工作，是吴中区首批获准复工企业

5 月 公司组织“可复制领导力”沙龙活动

5 月 公司公布 2019 年股东权益分配方案：向全体股东每 10 股派发现金 1 元

6 月 公司通过江苏省工信厅“全省第二批智慧交通重点企业”认定

6 月 产品“自动售票机”通过“全省第二批智慧交通优秀产品”认定

7 月 袁鑫、陈位参编的《城市轨道交通自动售检票系统工程质量验收标准实施指南》（GB/T 50381-2018）出版，公司东单站双目闸机照片登上封面

7 月 吴中区人才工作领导小组 / 人力资源与社会保障局共同授予“苏州市吴中 区企业人才工作联络站”2020-2021

8 月 参与《城市轨道交通自动售检票系统技术标准》团体标准编制

8 月 公司设计生产的测温闸机在东山精密应用

9 月 新建 3.6 万平方米现代化工业厂房完成竣工验收

11 月 成立党中共苏州香格里拉智能设备股份有限公司支部委员会

2021 年　2 月　防疫闸机批量生产并形成销售

2 月　公司获评吴中区 2020 年度高成长科技企业

3 月　新建厂房完成装修并正式投入使用

4 月　吴中区区长陈嵘调研来公司参观调研

5 月 8 日　公司举办“同舟十载，筑梦未来”新厂房落成暨成立十周年庆典

6 月　公司在苏州东方之门车站建立智慧车站设备试点

7 月　雷格特“江苏省工程技术研究中心”通过验收

10 月　通过“江苏省民营科技企业”认定

11 月　通过江苏省“省级工程技术研究中心”项目验收

12 月　双目立体视觉通行闸机被评为 2021 年江苏省人工智能融合创新产品

12 月　通过职业安全管理体系 / 环境管理体系认证

附录二

雷格特最新解决方案和产品

一、智慧通行解决方案

智慧通行所要解决的核心问题是如何让出行更加顺畅，为乘客提供更快捷、更安全的出行服务。目前，智慧通行所使用的设备——智慧闸机的发展趋势是基于轻量化、智能化的监控能力、支付无感化、大数据化这四个方面。

雷格特本着好用、耐用、好维护和好维修的设备制造原则，针对传统闸机的不足，利用专业优势和经验积累，通过对高效智能通行技术的研究发现，在众多的计算机三维视觉识别算法中，能够应用于导航领域的之中的基于深度图像的双目立体视觉识别技术，最符合高效智能通行技术的应用要求。首先它是基于计算机视觉和 AI 技术的结合能够让设备具备智能检测功能，其次是使用三维立体视觉检测技术能解决传统闸机的主要痛点和难点。

1. 以双目深度视觉检测技术来全面升级乘客通行逻辑的测量技术

VSM 双目视觉传感器，其精度比基于 16~22 对对射传感器的传统闸机提升了 3500 倍。

顶置的双目视觉传感器，可无遮挡地检测到视野范围内的所有物体并计算出该物体的 3D 尺寸和形状轮廓，可监测多达 8 个有效目标的运动。

对闸机通道长度无实际要求，甚至无感支付时也完全可以做成虚拟化的通道。

2. 智慧通行设备——检票机的特点

设备通道长度最短可做到 1200mm，甚至更短，有效减少设备占地面积，变相增加站厅使用空间。

可对不同的旅客实施不同的检票策略（如轮椅旅客可延迟放行时间）。

对敏感乘客（如孕妇）和携带大型行李的乘客的安全通行保护。

具备高精度检测反向闯入、尾随、前后叠加，并行通过等欺诈性通行行为，并具备视频取证能力。

可对刷卡乘客进行监控，未刷卡乘客将被阻挡（此功能取决于运营规则）。

具备儿童身高检测能力，儿童可在成人前方或后方通行无限制，漏人率低。

具备学习和进化能力。

3. 智慧通行技术的研究成果

技术优势 1

可精确识别成人、儿童、行李、乘坐轮椅的残疾人等目标，保证乘客和行李安全。

技术优势 2

精确检测通过乘客人数和类型 (精度 99.98%），可提供实时数据分析和大数据。

技术优势 3

通过对楼梯、电梯和屏蔽门上设置深度视觉传感器，结合双目闸机，可以获得车站热力图和车上热力图。

技术优势 4

虚拟通道区域控制技术，为无感支付通行控制进行支持。

二、车站智慧设备

中国城市轨道交通协会于 2020 年 3 月发布的《中国城市轨道交通智慧城轨发展纲要》明确要求，到 2025 年实现实名制乘车、生物识别、无感支付、语音购票等普遍采用，各城市间乘车畅行无阻，智能票、检合一的新模式普遍应用，随即全国各大城市便有了建设“智慧城市”的构想。

雷格特以乘客和业主的角度为出发点，利用自己的经验积累和技术优势，设计整理了一套智慧车站 AFC 系统专用设备方案。目前正在苏州“东方之门智慧车站”试点，经过有效验证后在全国各地铁城市推广。本次试点设备主要由智能客服中心、双目智能闸机、双目智慧边门、智慧票务处理终端等设备组成。

1. 双目智能闸机

采用双目立体视觉通行逻辑

1）快速过闸，通行率可达 60 人 / 分钟。

2）可智能识别成人、儿童、行李，识别高度误差小于 3cm。

3）智能分析乘客通行行为，识别多种欺诈行为，确保乘客、儿童及随行物品安全通过。

4）具备单程票回收功能，长度仅 1400mm。

接受多种个性化定制：色彩、材质、验证模式（人脸、RFID、二维码等）。

双目闸机

东方之门智慧车站布局

2. 智能客服中心

集成票务中心、自动售票机等传统功能。

非付费区具备现金、非现金售票、充值、票务查询和智能处理、智慧查询和问询、投诉登记等功能。

付费区具备现金、非现金补票、充值、票务查询和智能处理、智慧查询和问询、投诉登记等功能。

具备触摸屏输入和语音输入功能，具备识别英语和汉语方言功能。

3. 双目智慧边门

采用双目立体视觉通行逻辑：

1）快速过闸，通行率可达 45~60 人 / 分钟。

2）可智能识别成人、儿童、行李，识别高度误差小于 3cm。

3）智能识别乘客信息和过闸行为，通行场景智慧分析。

个性化定制：色彩、材质、验证模式（人脸、身份证、二维码等）。

智能客服中心

双目智慧边门

4. 自助票务处理机

多种功能加持：非现金售票、补票、车票查询和智能处理、语音问询等。

内置高可靠性工业计算机、算力强大。

具备触摸屏输入和语音输入功能，具备识别英语和方言功能。

支持实名账户现场建立和验证。

自助票务处理机

三、智能安防设备

自2016年阿尔法狗（AlphaGo）战胜李世石后，AI就迎来了产业发展的新机遇。而安防领域以其大数据和规模化的特性，成为人工智能首发落地的最佳应用市场。在人工智能以及物联网、云计算、大数据等新兴技术的加持下，安防产业发展开始由平安城市建设概念转变为智慧城市概念，大安防边界也逐渐模糊化，不断延伸到以视频物联网为核心的泛安防领域。在人工智能技术体系中，人脸识别无疑是应用场景较广泛的生物识别技术。人脸识别技术是指从人脸图像中提取有效的特征信息后，利用计算机进行分析，从而进行身份认证的一种先进技术。当前人脸识别技术的研究已经成为人工智能与识别领域的热点。随着人脸识别技术的快速迭代，人脸识别适用的细分场景越来越多，并逐渐从大安防领域转向民用和商用应用市场，具有人脸识别功能的商用闸机得到普遍应用，市场需求激增。

但商用闸机市场鱼龙混杂，没有统一的制造标准，绝大部分闸机更无通行逻辑可言，除了少数有一定的质量意识和品牌的闸机厂商外，多数厂家生产的闸机是以简单的开关门功能为诉求，以低廉的制造成本为导向。

1. 摆式速通门

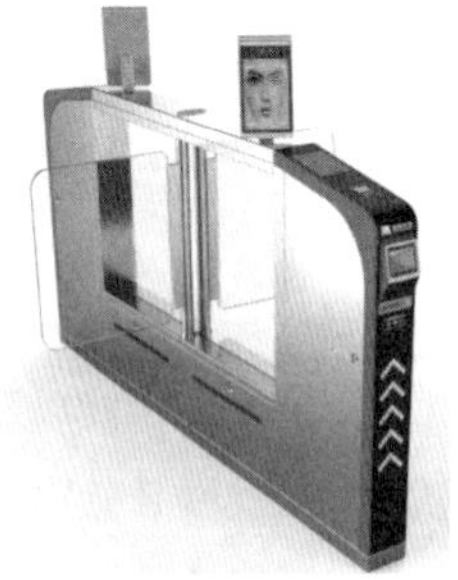

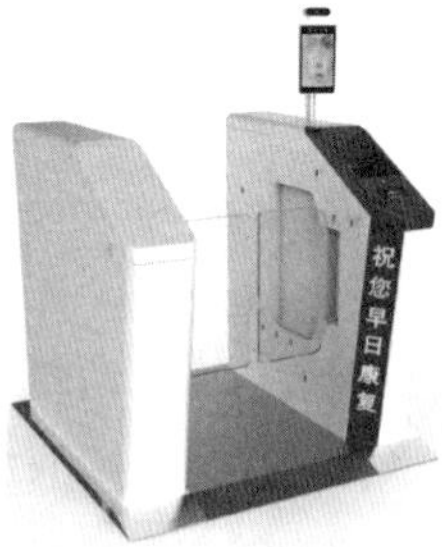

2. 翼式速通门

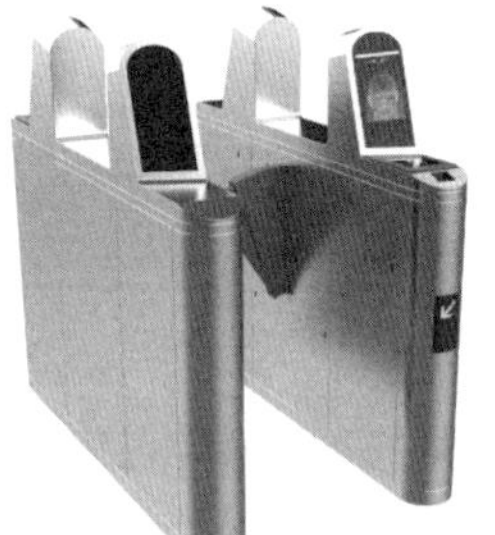

3. 三辊闸

4. 双目智慧闸机

5. 双门闸机

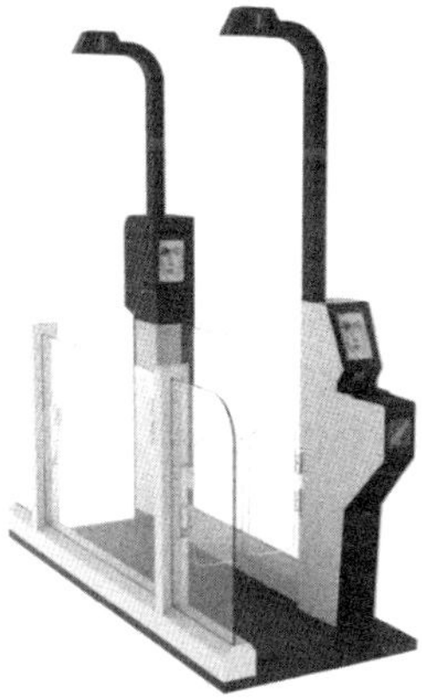

6. 自动取票机

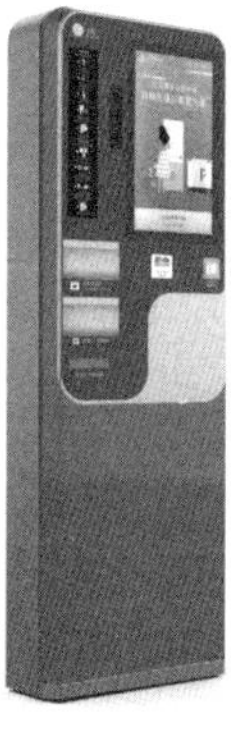

附录三

雷格特员工名单

创业团队

王建强、袁鑫、姜霞、曹东平、巩兆藩、辅金松、陈行湖

2010 年入职

陈燕华、宋梅芳、陈章松、朱伟国、王晶、沈如凤、周晓玲、袁根娣、徐通、刘为松、伍士亮、严宏、葛林松、胡乔蓉、郭沈丰、沈燕君、徐伟、张燕青、刘珊、于方喜

2011 年入职

何飞、杜跃峰、陈月琴、王丽瑚、闫琪、王小波、赵万禹、刘正淋、陈炎、顾哲强、田晓伟、曹新本、邵传胜、温慧娟、严国勤、朱俊、张长荣、孙海明、刘莉、李赞洋、孟庭艺、王庭光、刘文渊、苏正荣、黄洋城、王俊良、于治林、付定洪、金叶红、吕建设、宋玉萍、张晓霞、包亚刚、朱琴芳、孙晓明、袁洋、张瑜、陆晓冬、还传俊、宋荣、王戴俊、施丽琴、徐少华、王小虎、彭世春、陈卫祥、马洪仙、王珠英、孙燕青、雷树辉、宋永武、谢亮、杨成中、宋祎敏、赵国良、王昕蕾、殷丽华、刘艳、李红娟、唐春龙、向敏、顾方军、石奇、陈斌、黎肇晨、孔翱、徐敏、吴中文、任琴芳、吕亚云、王双城、张进春、季玉会、梁迎弟、俞文君、王佳良、朱璐琴、宋秋勤、张风军、朱玉兰、丁聪、夏骏、张松松、李恒洋、陶建国、陈猛、贺华岚、张俊文、金静、温慧琳、赵庆福、张康、施寅、陈华军、郑龙建、季烨、周聪、吴飞、朱凤华、吴争荣、王铁军、鲍玲玲、陈明、宋燕荣、姜晓英、徐玉慧、李其其、唐义军、朱瑜、李景、俞巧龙、龚奇奇、宋雪妹、王丹丹、孙强

2012 年入职

姚本大、吴超强、赵志超、朱亚芳、张健、朱伏妹、王旭超、周宇亮、韩佳燕、田佩、周军、李鸿亮、王骏、吕情佳、徐赟杰、周斌、林丹、龚燕中、张华娟、徐杰峰、叶坤龙、沈福康、罗嘉良、章长明、周晴、费萍、郑志荣、周巧真、王连荣、周平、周丽丹、施菊红、周涛、冯小英、夏霄翔、王强、朱申、许林、叶定凤、周燕红、宋志敏、刘延平、孙春宝、徐锡林、靳哲禹、杨坚敏、赵志刚、李培培、杨浩、宋世鹏

2013 年入职

陈峤、沈庆忠、姚金、严美娟、刘明、佘佳佳、严云康、陈甫、汪磊、陈亚军、张贤明、张泽辉、贾藩藩、郑祥波、汪德俊、李益安、陈高总、李建伟、付鑫、杨前程、孙涛、董军军、吴钫、杨飞、常红亮、李斌、罗有兵、朱建庆、王杰、孔炜、马旦、顾文杰、叶根、薛江鹏、惠利朋、马林、何昌盛、朱天永、梅家勇、陈冬伟、金天雄、席晨吉、姚勇、王俭、徐斌、文大洪、周玉喜、王卫卫、张强、孔叶明、李培娟、程曦、朱勇、宋张健、吴越圻、盛家泉、沈捷、陆凯、李超、刘毅、邵敏伟、孙彬、袁述、晁凯、周志强、滕雪平、黄松、吴佳红、王泳、王华、牛培军、曹子龙、石敏、沈涛、陈静芳、王正卿、贺存、叶俞春、李小鹏、李海龙、胡连华、沈雷、李伟、张杨林、解红艳、张宝、杜荣娟、陈磊、江跃辉、姚菊、杨继伟、冯丹、汪兴致、李学奎、庾婷、杨丹、马新宇、金永琦、周兴华、江敏华、顾晓瑜、马欢、张卫华、吴亚楠、曹思思、马兆鹏、张斌、朱晴荣、朱泉福、张华芳

2014 年入职

罗福容、何雪平、刘勇、刘丽华、王岳伟、李柏玉、周亚琪、朱斌斌、盛春雨、金林杰、孟现彬、赵正春、孟建文、岳龙、施梅娣、张东海、苏华副、秦运动、张雷文、翟扬扬、聂玉军、葛建明、窦家龙、叶和平、沈小娟、尹双、冯海良、黄庭鹤、陆伟伟、童斌文、李志刚、谢小娜、李来增、霍建峰、李华龙、杨利清、卢连一、周裕斌、石彬、叶荣明、李玉萍、顾广阳、严俊、霍振龙、吴兰英、陆鎏锋、金芬、顾思海、邹皓、史伟霞、许海燕、葛恒丽、吴伟、何雪梅、何焰云、周峰、陈文婷、胡寻乾、何华、顾勤燕、兰强

2015 年入职

王庆怀、张学美、陈燕、卢仁云、陈曦、夏耀建、汤定芳、陆海英、顾琴红、朱龙兴、孙南芳、延战伟、吴章强、盛佳琪、盛文菁、许依静、诸国华、许怡雯、朱秀凤、张琴、姚雪红、唐小刚、马珍强、孙帅、杨玉琴、翟培秀、叶志戎、钱书新、李建、郭静、曹丹丹嵇大朋、朱佳敏、缪晶晶、郭泰龙、李开璇、谢夫龙、张倩文、杜红、杨海锋、施燕萍、蔡知英、张开、金鑫、沈静芳、宋建江、江燕、李忠、杨美君、黄念芝、陈新豪、何林根、熊玲、汤利峰、周晓彬、王飞、金晴华、秦秋月、王文敏、周东柳、徐春红、秦小琴、徐雪华、刘小英、叶铭佳、卢达江、顾佳玲、俞龙子、顾柏文、袁桂娟、王伟、丁立强、李志谦、刘照蕊、魏爱琼、王海海、施春华、徐菊芳

2016 年入职

陈位、王同、刘树松、徐雪芬、凌国军、孙佳燕、付锦南、刘恋、沈静芬、朋文波、陈敬禄、邰桃桦、顾祎杰、袁晓猛、戴永砚、沈萍萍、郭成勇、朱春春、沈晓伟、汪恒、吴扣妹、许华明、张志高、安阳超、沈文华、董笙烽、朱明扬、陈丹珺、陈冰冰、李靖鹏、汪明浩、曹盼盼、叶利勤、段东升、盛伊君、曹孟宇、封敏、徐和英、张家珲、朱美、杨磊、张晶晶、孔晓星、黄渐伟、盛丽娥、孙坚、孙建伟、李升冕、蔡颖、秦芳、王超、陈天强、陈桂芳、滕华星、李玉荣

2017 年入职

王春花、陈文轩、严亮、唐朝阳、刘永梅、方玉和、刘静、魏学文、刘翔、孔勤华、程德银、周华芳、苏润田、严旭、张金满、曾棒、金波、李向阳、岳阳、唐聪、韩锦润、张敏、周超、钱爱心、梁金龙、王文静、夏雯、席丽琴、朱燕勤、黄伟、秦佳佳、林昕、林勇、夏凌强、方兆、钱佳美、朱雷青、吴艳芳、徐张忠、曹志刚、饶慧、朱行行、郭尚强、李博文、杨俊伟、张少杰、冯宏杰、张洁、任亚利、宋月红、龚梦涛、张晓慧、徐佳纹、周宇豪、李洪阳、李梓尧、王顾臣、温兴健、孔随之、顾仕杰、郭隽杰、陈笑、张立、赵孙灵、周长琦、郭海峰、何彬、朱稷玮、瞿磊、张学文、金勇、刘洋荣、刘天阳、张国英、朱华飞、叶凤明、陈建超、张家明、钱淑妍、张学飞、常彤、邹伟、邰铭伟、宋艳芳、吴瑞麟、赵明东、

曹世心、方玉翔、邱云虹、甘元浩、顾培刚、吕庭天、汪畅、朱凤、庞雪、程唱唱、饶正庭、王炳能、李聪、吴芬、曹佳亮、沈晨虹、裴会超、陈虎、贾臻、彭俊东、张祥岳、王勇、朱培军、代雪梅、赵云锐、刘海霞、王博、严浩琼、王哲、王鹏程、彭克明、李金亮、金莹佳、吴爱荣、邱林伟、白俊、尚加柳、魏雪芳、朱筱韵、吴蕾、吴志荣、崔晓宏、杨超齐、肖时彪、刘英宝、陈冲、吴洁、叶红霞、朱建云、徐栋、李佳伟、左园媛

2018 年入职

肖迪、李进农、董纯和、陈泽汉、欧阳锋、张国富、高英杰、张艳、黎万菊、刘辉、沈文锋、张宇探、肖良美、刘冰淇、倪士华、徐凡、周东、袁泉、马玉丽、姜杰、宋菊芳、王通、肖杰、陆智慧、程恩恩、张云祥、孙晓楠、李晨晨、张艳艳、王少安、陈胜、于健、王伟、郭金亮、马绍飞、熊家豪、陈志康、朱文琦、方瑞、夏广申、刘天生、湛鹏、刘启敏、汝成涛、李贺龙、范春花、席人奇、张泽强、郭旭成、秦梦阳、刘凯、朱靖峰、马永跃、郭军亮、徐琴、张小琴、宋宁宁、许建卫、俞靖、何陆占、郁仲彦、徐福萍、陈帅、程后珍、薛鸿、朱晨亮、郑永刚、赵前、栾锋、蒋华鹏、窦春瑕、叶小栓、杨联良、金燕青、杨正娟、蔡英梅、于洋、眭光辉、王盼、揭春梅、窦家晴、李海江、郑洪、杨丽君、雷振沛、郑兰萍、屈园、王煜敏、杨琴英、沈钟麟、朱昊、宗云云、潘亚杰、王婷、车玉银、张亮、孙建才、卜运飞、邹晓亮、袁先极平、周霞、袁少奇、王学科、戴何超、白跃新、张小东、沈英、顾玉根、顾振芳、曹春、张越、边晓川、张翔、杨富、胡齐江、朱庭双、张玮、吴樾辉、王云艳、陈昭景、刘祥保、江其琪、胡佳仪、王鹏立、杜江、孙健健、曾永靖、杨康、张友宝、陶佳、孔庆芳、顾娟、朱法珍、王卫东、吴如珍、栗鹏、朱文兰、刘海东、汤悦兰、李银浩、周绍永、甘宁

2019 年入职

刁献伟、钟胜胜、柏青、王大勇、张诚、董洁、张琰、张依航、李芬、闫宇鹏、夏浩然、吴佳德、杜必成、张百锁、庞海萍、李开源、马超群、王左成、严陈、薛文辉、钱越、席郑宇、顾倩雯、刘洋、王玉梅、刘义军、李文林、蔺东涛、梁可可、王帅、沈雁、戴腾豪李华荣、王哲炫、安冉冉、段遥遥、王凯、赵刚、边祥远、邵琦、刘二猛、李波、郑旭、孙文、吴龙峰、

杨军、马天宇、徐金亮、宋世虎、伍文超、张富强、杨宏祖、刘颖、秦玉岗、孙志伟、张坤、雍瑞明、曾建铭、陈浩、卢强、冯豪杰、谢寅、邓吉如、陈子威、谷硕峰、屈丽清、于承浩、陈洁、王嘉雯、陆杰、金惠荣、姚涵滨、宋云飞、柳跃强、刘恒、樊浩、胡延洋、孟庆学、周雪飞、沈佳辉、赵云、张小乐、陈蓉芳、郑彪、杨文海、贾森、汪志祥、田波、刘浩、陈子涵、高祥、王彤彤、谢江祝、许习勇、刘俊岭、宋珏骅、刘志豪、茆杰、刘斌、张国林、王皞祺、姜国梁、王亮、徐晨、顾云萍、石广瑜、严新洲、姜康康、祁伟明、李烨、孙世杰、叶涛云、王志刚、宋盟盟、徐玉芳、江峰、李晓霞、房芹、倪卫林、丁燕平、黄震、张新月、姜久文、侯天宇、辛东泽、吕凯、潘文伟、蔡贺杰

2020 年入职

金尚柏、吴程豪、任履华、季雪倩、陈蕾、 高亢、任彤晖、刘波、皮旭、李顺祥、王夏萍、秦森华、陈玮玮、王升桥、侯雨晴、肖翠琴、王世程、胡晓彤、师浩浩、郑宏海、王高琴、仰传昊、耿安顺、刘金星、车伟光、陆锦峰、李军、陈信环、曾克鑫、周辰尧、周凯、彭宇凯、韩虎成、白云、张迪、顾彪、严钦继、王冀、龚培英、贺晔莹、顾晓菲、蔡佳敏、朱于军、洪雪荣、陈云、钟延亮、宋永玲、王旭、陶卫琴、陶万宝、陶兴旺、裴文兵、裴继云、王奇、陆俊洋、曹振杨、苏俞杰、顾德权、张龙辉、徐盛涛、万利波、乜立、曹腾、王粉鱼、马龙、魏志港、刘晨光、朱浪、王雨敖、 张舟一帆、朱荣仙、金云仙、王昆、张长辉、李杰、吴欢超、张雁同、唐宇皓、方锐、孙俊杰、胡胤鹏、冷雨、郑桂波、孟伟、徐学良、班懂正

2021 年入职（截至 2021 年 7 月）

顾秋香、张凤花、沈秋香、陈玉梅、汤金龙、郭洋、高岳、李香根、许刚华、李会龙、刘英、朱秀林、潘莹、陆建中、朱雷、龚晓靖、沈燕、潘孝红、陆雪芳、费晓通、李东、陆建华、赵清雅、薛进强、罗丽平、陈赟、孙根妹、宋洁、王淑平、沈彬、沈斌、闫海军、吴绪伟、魏杰、李晓宇、怀鑫敏、夏春红、杨笑、顾晓天、徐芳燕、顾俊杰、沈秋根、宋在汉、赵志波、雷容、支铭杰、郭雅、徐胜光、丁若洁、项锦龙、王翠花、方伟昆、陈晓华、张旭东、严晋宇、金倩纯、罗洁、嵇晶晶、马雷、吕华兴、苗学超、

吴梓民、梁凉、陆韩根、牛善鑫、程凯文、潘为霞、丁雪瑞、姜虎成、林继财、韦永清、张乐善、李甜甜、章会平、周敬哲、王慧慧、许月秋、徐安杰、于亚园、鱼陇强、王齐、杨佳华、朱彩英、曹文峰、顾鼎诚、宋德菊、廖标、廖捡得、李建生、李爱平、郭世展、王巧平、龚春芳、张春霞、曹云开、岳刚、赵子云、周小龙、丁霞、黄彩平、杨康康、李凤芹、邱惠仙、金承红、刘凤、齐翠芳、蒋婷婷、江婷、乔仕江、刘雪梅

图书在版编目（CIP）数据

素履向前：雷格特 AFC 发展纪实 / 胡凡，姜霞，陈燕著. -- 上海：同济大学出版社，2022.3
（中国轨道交通 AFC 行业里的追梦者）
ISBN 978-7-5765-0105-6

Ⅰ. ①素… Ⅱ. ①胡… ②姜… ③陈… Ⅲ. ①城市铁路 – 轨道交通 – 售票 – 铁路自动化系统 – 概况 – 中国
Ⅳ. ① U293.22

中国版本图书馆 CIP 数据核字（2022）第 003607 号

素履向前：雷格特 AFC 发展纪实
胡凡　姜霞　陈燕　著

出 品 人　金英伟
统　　筹　闻鼎传媒
责任编辑　丁国生　　责任校对　徐春莲　　装帧设计　张　微

出版发行　同济大学出版社 www.tongjipress.com.cn
（地址：上海市四平路 1239 号　邮编：200092　电话：021–65985622）
经　　销　全国新华书店
印　　刷　上海安枫印务有限公司
开　　本　710mm×960mm　1/16
印　　张　17
字　　数　340 000
版　　次　2022 年 3 月第 1 版　2022 年 3 月第 1 次印刷
书　　号　ISBN 978-7-5765-0105-6
定　　价　88.00 元